人生、
楽しみたい人は、
起業しなさい！

雇用されるより、
起業という「働き方」を選ぼう

坂田敦宏

連続起業家
エンジェル投資家
スタートアップ伴走者

観世音

はじめに

「一生、障害者として生きることを覚悟してください。車椅子の生活になります」

２０１２年1月、突然の脳幹出血で倒れた私は入院から数日後、医師からそう宣告されました。43歳のときです。

脳幹出血とは、生命活動の基本を担う脳幹に生じる出血のことで、死亡率は80％とも言われています。死を免れても重度の障害が残り、車椅子での生活を強いられるケースがほとんどです。

医師の言葉を聞き、さすがにポジティブな性格の私でも、死ぬほど落ち込みました。

左半身は不随状態で動かすことができません。言語障害もあり、「うーうー」とうなるのが精一杯です。

病室のベッドが8階の窓際だったので、窓からダイブしたら死ねると思いましたが、体が動かないので窓まで行くことはできません。そこまで行くには、ナースコールで看護師さんを呼ぶしかない……。

入院から2週間後、容態が安定してきたということで、初めてのリハビリの日を迎えました。そのときの2人のリハビリの先生の言葉によって、私は「死にたい」という思いを捨てて前を向くことができました。

理学療法士の小松崎千恵先生は、私の左足をさわりながら「足の付け根の奥に力を感じるので、坂田さん、頑張れば歩けるようになるかもしれませんよ」と言ってくれました。その言葉を聞いて、私は涙が止まりませんでした。医師から「もう無理です」と言われて、落ち込んでばかりの状態に光が見えたのです。

もう1人、作業療法士の國分ゆかり先生が私の左手をさわりながら、「手が動くことをイメージしてください」と言いました。その言葉を聞いて、「なるほど、手が動くと思えばいいんだ」と納得できました。

経営者である私は、会社をどのように経営するか、**経営戦略や経営目標をいつもイメー**

ジすること、ビジュアライズが習慣になっていたからです。実際、手が動くイメージを、すぐ頭に思い描くことができました。

この2人のリハビリの先生との出会いのおかげで、私は元来のポジティブ人間に戻ることができたのです。生きることを決断できました。「病は気から」と言いますが、「治ると思えば治る」と信じることができました。

その日からは、死ぬ気で本当に先の見えないリハビリに取り組みました。

車椅子の宣告をされたとき、医師からは「脳幹出血で倒れて命が助かっただけでもラッキーですよ」とも言われました。「ほとんどの人が死んじゃうのに生き残ったのか……私には、まだやらなければいけないことがあるのかな、**神様から使命を与えられたのかな? 選ばれたのかな?**」とぼんやりと感じました。

そして、入院中のベッドの上で「これからどうやって生きていこうかな、仕事をどうしようかな」と考えていると、「自分の使命とはなんだろう?」という思いが頭をよぎるようになりました。やがて「もし、社会復帰できたら、人のためになる仕事をやろう」という思いが強くなり、いままでやってきたこととは違うビジネスをしようと決めました。

実は、私は手術をしてないので、医師よりも、いつも一緒にいてケアしてくれた看護師さんと、リハビリの先生への感謝が大きくなっていきました。そこで、この二つの職業の方たちに恩返しをしたいと思いました。

自分が在宅医療の利用者という経験を踏まえ、彼らが主役になれる仕事はなんだろうと考えた結果、訪問看護ステーションの事業を手がけることにしました。医療・看護・福祉関係の仕事をして恩返しすることが、私の使命だと考えたからです。

看護師さんやリハビリの先生たちは、せっかく国家資格を持っているのに、過酷な労働環境を強いられています。今回の新型コロナの感染拡大で、さらに厳しい状況に直面しています。

医療・看護・福祉の分野は、人に喜びを与えることのできる素敵な仕事です。それなのに、彼らの多くが働くことに疲れているという現実を目の当たりにしました。

そこで看護師さんや、リハビリの先生たちが生き生きと働く職場を提供するために、Recovery International 株式会社を設立し「訪問看護ステーションリカバリー」を開設しました。いままでは、リハビリをサポートしてくれた方たちに、ほんの少しかもしれませんが恩返しができていると思います。

私は訪問看護ステーションリカバリーを、「もう病院を辞めて、ほかの仕事に就こう」と考えていた若い看護師の大河原峻くんと一緒に立ち上げました。それが、いまでは100名以上の国家資格の有資格者が在籍する、訪問看護業界では大手の訪問看護ステーションと言える会社になっています。

リハビリ生活からの復帰後、私は医療・看護・福祉業界のほかにアパレルや飲食業などの起業にも携わっています。

私が初めて起業したのは22歳で、ハウスクリーニング（清掃）業でした。それから、さまざまな起業を経験しました。成功ばかりではありません。どちらかといえば、失敗ばかりの人生でした。倒産や自己破産も経験しています。

ただ、30年間の起業経験から**「起業という生き方は楽しい」**と自信を持って言えます。もちろん、楽しいことばかりではありません。大変なことのほうが多いです。

それでも私は**「起業という働き方」**があることを、1人でも多くの人に知ってほしくてこの本を書くことにしました。

起業に成功した人が、起業について書いた本はたくさんあります。しかし、そうした本を読んでも「その人だから成功できたのでは」と思うことが、よくあります。
私はリハビリから復帰した後、「自分磨き」をつねに意識しています。私が失敗したのは、自分が偽物だったことが原因だと考えるからです。起業を目指すには人間力をつけることが大切ですし、勉強も必要です。そこで、今年（２０２１年）からオンラインで受講可能な「起業大学」をスタートして、起業を目指す人たちをサポートしていきます。

本当の起業は、私が病気から社会復帰を果たして、再起動をした7年前からだと思っています。当時は45歳でした。つまり、起業は何歳からでも可能なのです、
ただ、「起業＝ＩＴ＝ＩＰＯ（上場）」と勘違いしている人が多いかもしれません。そのため、起業をしたくても自分には無理だと考えてあきらめていることでしょう。
決して、そんなことはありません。実際、私は医療・看護・福祉、アパレル、飲食業などの起業に携わっています。ＩＴ業界ではなく、スモールビジネスが中心です。自分のスキルや専門知識を生かせば、どんな業種でも起業はできるのです。

近年、「働き方改革」が声高に叫ばれ、働くことに関して大きな変化の時代を迎えています。しかも今回のコロナ禍で、その変化のスピードが加速しています。

会社を作ることだけが起業ではありません。自営やフリーランスで、自分の力で自分の仕事を作っていくという選択肢もあります。最近は副業ＯＫの会社も増えているので、会社に勤めながらの起業も可能です。

私は、この書籍を通じて「起業という働き方」を伝えたい。

自分で自分の人生を作っていくという働き方を選び、１人でも多くの人に人生を楽しんでほしい。そして、幸せな人生を歩んでほしいと、心から願っています。

２０２１年３月

坂田《さかた》 敦宏《あつひろ》

人生、楽しみたい人は、起業しなさい！

目次

PART 1
起業、事業の失敗、大病、再始動まで
――私の起業ストーリー

1章
最初の起業は22歳。未経験のハウスクリーニング　21

2章 倒産と自己破産と脳幹出血　51

3章 自分のスキルを生かせば、誰でも起業はできる 75

4章 起業を目指す人に知っておいてほしいこと 111

PART **2**

起業大学（起業家養成講座）

5章　経営者になるための「オリエンテーション」　143

6章

プログラム 1 「自分の欲望＝目標」をアウトプット 163

7章

プログラム 2 「今の自分を知る」〜自我状態〜 177

10章

プログラム 5 「目標設定と行動計画」 209

編集協力　友楽社　稲垣　豊
装幀　岡　孝治

PART 1

起業、事業の失敗、大病、再始動まで
――私の起業ストーリー

1章

最初の起業は22歳。未経験のハウスクリーニング

おばあちゃん子でスポーツ少年

私の出身地は、志村けんさんで有名な東京の東村山市です。地元の中学を卒業後、建築現場で鳶《とび》職人や塗装職人として働きました。つまり中卒で、学歴はありません。

22歳のときに、思い切ってハウスクリーニング（清掃）業で起業しました。最初は個人事業主でしたが、その後、法人化し、ビルのメンテナンス業を中心にFC（フランチャイズ）展開を始め、順調に業績を伸ばすことができました。

そして、リフォーム、人材ビジネス、業務請負、IT、不動産、芸能関係、コンサルティングと事業を拡大し、11社のグループ会社の経営者として多忙な日々を送りました。

しかし2012年1月、43歳のときに脳幹出血で倒れ、奇跡的に一命はとりとめましたが半身麻痺と言語障害のため、約2年間のリハビリ生活を強いられたのです。

「はじめに」で書いたように　幸いにも社会復帰を果たすことができ、入院中に抱いた「人のためになる仕事をしたい」という思いを、いま実現できています。

リハビリ生活からの復帰後、私はそれまでつき合いのあった人たちではなく、医療・看護・福祉など新しい分野の人たちと仕事をすることが多くなりました。そうした人たちは私が病気で倒れるまで、どんな経験をしてきたのかを知りません。

いまではそれなりに経営者らしく振る舞っていますが、10代の頃はヤンチャな生活をしていました。そんな私が30年近く、起業家としてどんな活動をしてきたのかを、まずは紹介させていただきます。

両親は共働きで、小さい頃は一緒に住んでいた母方の祖母に面倒を見てもらっていたので、私はおばあちゃん子でした。兄弟は7つ年の離れた弟が1人います。

生まれたのは東京の東村山市で、その後、となりの小平市に移り、小学校5年生のときに東村山に戻ってきました。

小平では、昔ながらの長屋タイプの都営住宅に住んでいました。その都営住宅での生活は、父親の兄弟の娘さんを預かったり、父親の弟の叔父さんも同居していて、2Kに7、8人で生活していました。

母方の実家が東村山にあったことから、小学校5年生のときに母方の祖父から土地を借り、一戸建てを建てて住むことになりました。

小平の都営住宅のすぐ近所に、プロ野球・日本ハムファイターズの監督をされている栗山英樹さんが住んでいました。栗山さんが小学生のとき、私は3歳か4歳だったと思いますが、栗山さんたちが少年野球の練習をしているのをバックネット裏のフェンスにかじりついて見ていました。

たまには球拾いを手伝うこともあり、小学校に入ると栗山さんの誘いで「富士見スネークス」という少年野球のチームに入りました。

小学校時代は生活の中心が野球で、ほかにサッカーもやっていました。小さい頃から体は大きいほうで、完全なスポーツ少年でした。

◆◆◆ 厳しい父親への反発

父親はサラリーマンですが、とても厳しい人でした。「いい高校に入って、いい大学に進んで、いい会社に就職することが幸せ」という当時の風潮を受けて、自分の子供にもそ

←おばあちゃんといつも一緒

祖母と母親と近所の神社でお参り↓

↑ 少年野球「富士見スネークス」に →
没頭した小学生時代

んな人生を期待する典型的なサラリーマン家庭だったのです。

とにかく、いつも「勉強しなさい」と言われていて、その記憶ばかりが残っています。いまでは親には頭が上がらないほど感謝して、いつもどうやって親孝行しようかと考える毎日ですが、そんな子供時代だったので、正直、親にはあまり良い思い出がありません。父親だけでなく、母親に対してもです。

小学校の頃、父親が仕事から家に帰ってきて、私が宿題をやってないことを母親から聞くと、寝ているところを叩き起こされて家の外に出されたことも何度かありました。そんなときに私をかばってくれるのは祖母です。母親も父親の言いなりで、母親のことも好きになれませんでした。

母親は平日はパートで、土日も近くにある府中の東京競馬場でアルバイトをしていたので、昼間はほとんど家にいません。私はいつも、おばあちゃんと過ごしていました。

小学校の高学年になると塾にも通うようになりました。勉強ばかりさせられたこともあり、勉強が楽しいと思う時期もありましたが、だんだん勉強嫌いになっていきました。

中学に入ると反抗期を迎えたこともあり、独立心が強くなってきました。それ以前から両親への反発があったので独立心は芽生えていましたが、それがますます強くなったのです。

しかも、中1の頃に大好きだった祖母が亡くなりました。学校から帰り、昼食中に母親から祖母の死を聞かされたとき、自然と涙があふれだし、泣きながら食事したのを覚えています。その後、一気に非行少年の道へと向かうことになります。中1の終わりか中2の初めには、親の言うことはまったく聞かない状況でした。

父親は高卒です。大学に行かなかったことで、おそらくずいぶん苦労をしたのでしょう。そんな苦労をしなくてもいいように、自分の子供には勉強を強いたのだと思います。ただ、当時はそんな親の気持ちなど理解できるはずがなく、反発心が増すばかりでした。

もっとも、勉強自体は決して嫌いではなかったのですが、勉強以外の遊びを覚えると「勉強しても、いいことなんてあるのかな」と感じるようになり、どんどん勉強から離れていきました。

中学1年のときには「なめ猫」や「横浜銀蝿」が大流行しました。その影響で、ちょっとヤンチャなほうがカッコいいという感覚もあったのでしょう。だんだんつき合う友だちも変わり、中学2年の頃には、まともに授業に出なくなりました。

中1のときはちゃんと授業に出ていたのですが、中2になってからはほとんど授業に出ていません。出ていても先生の話は聞かずに遊んだり、ほかのことをやっていました。学校に行っても、教室にいなかったこともよくありました。


中学の部活は野球部に入りました。

小学生時代に所属していた少年野球のチーム「富士見スネークス」は、栗山さんの影響もあってとても強く、私たちの代はほとんどの大会で優勝するほどでした。

そんな経験をしたので、野球に関してはやりつくした感があったのかもしれません。中学で野球部に入ると球拾いからやらされ、毎日声出しばかりでした。そんな状況がもの足りず、入部して数か月で練習に顔を出すのはやめてしまいました。野球部には所属していましたが、名前があるだけでした。

栗山さんは、とにかくすごかった。ピッチャーで4番という典型的な少年野球のヒーローでした。ただ、残念ながら東村山に引っ越してからは、栗山さんとの縁はなくなっています。

また、東村山の転校先、回田小学校の2学年下には広島から巨人にFAで移籍した江藤智選手がいました。江藤選手は4年生なのに、僕らよりもガタイがよく、ホームランを連発する4番バッターでした。私も放課後の庭球野球では、ホームランを打たれた思い出がありますす。それにしても栗山さんと江藤さん、2人の有名な野球選手が身近にいたというのも、いま思えばなかなか凄い話ですね。

◆◆◆中学3年　建設現場で初めてのアルバイト

中学生のときは悪さばかりしていて、中学2年ぐらいからは学校の先生や親の言うことはほとんど聞かず、友だちと遊んでばかりいました。そして毎日のように先輩たちから「ヤキだ！」と言って殴られます。中2の頃は顔にあざがないときがないくらいです。とにかく「先輩の言うことが絶対」という生活でした。

そんな日常なので、中3になって先輩たちが卒業して学校にいなくなり、逆に学校に行くのが楽しい毎日でした。でも結局、先輩たちが毎日のようにバイクで学校に来て呼び出され「暴走族をやるか、やらないか」と選択を迫られるので、「高校に行く」なんてことを選ぶことができず、自分にとっては大問題。当時は、それが当たり前の世界だと思っていましたが、世間的には全然当たり前ではないことが、ずっと後でわかりました。

そんな日々を過ごすなか、中学3年の頃、先輩に言われるままにアルバイトを始めました。いや、断れず強引に連れて行かれたというのが正しいですね。建築現場の仕事で、そのときに自分でお金を稼ぐことを覚えました。

1日3000円もらえたのですが、中学生にとってはとても大きな金額で、誘われると喜んでバイトにいきました。当時は現場で着るニッカポッカ（現場用ズボン）も格好いいと思っていましたね。その後、大人になって知ったのですが、本当は5000円で、先輩が2000円ピンハネしていたのですが。

先輩の紹介だったので、雇い主は私のことを中学生だとは思っていなかったのかもしれません。建築現場では年のことなんて聞かれませんし、当時はすでに180センチ近くあり、現在とそれほど変わりませんでした。ただ、いまよりずいぶん細かったです。

仕事は荷物を運んだり、ゴミを捨てたりといった雑用が中心。技術が必要な仕事はでき

➡「今日から俺は!!」金髪の中学2年生

⬆シャコタンのうるさい車を乗りまわす18歳

ないので、現場の手伝いです。当時は1980年代の前半、バブル経済の少し前で建築現場は人手不足で、建築業がとても忙しい時代でした。

中学を出たら、どうしようか……自分なりに悩んでいると、中学校の先生が工場見学に連れて行ってくれました。初任給8万円程度の工場勤務の現場を目の当たりにして、「自分にはこんな仕事は絶対にできない」と思いました。そこで、日給いくらの仕事をしようと決めました。

いま思えば、私にとって学生時代はとても短いのです。大学に行った人などと比べると、半分か3分1くらいの期間しかありません。中2と中3のときには勉強した記憶もありません。

親もあきらめたのか、何も言いませんでした。家にも帰ったり帰らなかったりで、いまでは、本当に迷惑をかけたと思いますし、育ててもらって本当に感謝をしています。

しかし、当時私は父親に対して「俺はお前のオモチャじゃない」という感覚しか持てませんでした。「思いどおりにはならないぞ」という思いしかなかったのです。10代の頃は、ずっと親に反抗していました。

◆◆◆魂を揺さぶられた永ちゃんの『成り上がり』

16〜17歳の頃に働いた鳶職の親方が、やはり中卒で、叩き上げから親方にまでなった人でした。とにかくおしゃべりな親方で、建築現場に向かう車（ダンプカー）の中でいつも言っていました。

「お前は中卒で学歴がないしバカなんだ。そんなやつが金持ちになろうと思ったら、独立して自分でやるしかないんだ」

そんな言葉を毎日のように聞いていたので、「自分もいつか独立しよう」と植えつけられたのかもしれません。そんなこともあり、19歳のときには自分で何かやらないといけないと真剣に思い込んでいました。

その頃に読んだのが、矢沢永吉さんが書いた『成り上がり』（小学館刊）。それまではマンガしか買ったことがなかったのに、初めて自分のお金で買った本が『成り上がり』です。永ちゃんの熱いメッセージを読んで、自分もなんだかよくわからないけど**「ビッグになってやる！」**とパワーをもらいました。初めての衝動で魂がゆさぶられました。

16歳になってすぐに原付の免許を取りました。毎日、友だちや先輩・後輩とバイクで走りまわったり、コンビニの前にいたり、当時あった「山田うどん」にいたりと遊んでばかり。ケンカや揉めごとも日常茶飯事です。

中学生の頃は、ほかの中学の生徒とケンカをしたり、中学を出てからは清瀬や所沢など他の地元との揉めごとが絶えなかったですね。東村山は小平や東大和とは比較的仲が良かったのですが、清瀬や所沢をはじめ他の地区との揉めごとは多かったですね。

俳優の宇梶剛士さんは暴走族ブラックエンペラーの総長を務めていたことでも有名ですが、私は15歳ぐらいの頃に、国立駅前のロータリーで宇梶さんを見たことがあります。

そのときの宇梶さんは、映画スターのジェームス・ディーンのようで本当にカッコよかったですね。先輩の車に乗って仲間と一緒にいたのですが、まるで映画のワンシーンを見ているようでした。とっても強そうで、おっかなかったですが。宇梶さんは私より6歳上です。このような光景がとても格好よく見え、憧れていた世代だったのでしょうね。

中学の頃から先輩に連れられて、右翼の活動みたいなこともしていました。特攻服を着て、日曜日にはよく右翼団体の街宣車に乗っていました。自分としては、別に右翼団体に入ったつもりはないのですが、友だちと一緒にいることがそのまま右翼団体の活動になっていたという感じです。

それに、先輩が言うことには逆らえないのです。当時は右翼団体の活動とはわかりませんでした。立っているだけで飯を食わせてくれるというので、喜んでついて行きました。それなりに楽しかったのも事実ですし、いま思うと普通はできない貴重な経験でした。

永ちゃんの本に出会うことがなければ、そのまま右翼団体か暴力団組員になっていたかもしれません。なぜなら、当時の私の環境には、ほかに選択肢がなかったからです。そういう環境の中にずっといると、それ以外の道が見えなかったのです。

◆◆◆ 10代は、鳶職人と塗装職人

10代では、鳶職と塗装職人だけが長く続いた仕事です。それ以外は何をやっても続きません。3日でやめた仕事もあります。

初めて少しだけ長く続いたのが、16歳のときの西武園プールの監視の仕事で、とても楽

しく働けました。単純な理由なのですが、友だちや女の子がいっぱい来るからです。その仕事だけは夏の2か月間、ちゃんと続きました。ただ最後は他のバイトを殴ってクビになってしまいましたが……。

それ以外は、3日や1週間で仕事をやめるようなことを繰り返していたので、同じ中学だった中卒の友人からは、「坂田は落ち着かねぇな。仕事も続かないし。若けぇな」と言われてました。当時、まだ16歳で遊びたい盛りなのに、そんなことを言うほうがどうなのかなと思っていましたね。その影響もあり、他の中学出身の同じ環境の友だちたちと一緒に過ごす時間が多くなってきました。

17歳ぐらいでお金も欲しくなり、その頃から始めた鳶の仕事と、友だちと一緒にしていた塗装の仕事だけが長く続いたのです。

鳶と塗装の仕事をしているうちに、「独立しよう」という決心が、しっかり固まるところまではいきませんでしたが、そんな感覚にはなってきました。そして、永ちゃんの本の影響で、**とにかく「ビッグになってやる!」と思っていました。何でビックになるのかは自分でもわかりませんでしたが、「やるぞ!」というパワーだけはもらいました。**

19歳の頃、友だちに誘われ、東大和にある葵工業という塗装の会社で働き始めました。ここには同級生の友だちが5人と先輩が働いていて、仕事が終わると毎日のように5人で遊んでいました。この葵工業では給与制でしたが、現場ごとに親方がいて、その親方について仕事をするのですが、現場ごとに頑張ると歩合がつき、通常の給与より稼ぐことができました。この葵工業での仕事で、初めて稼ぐということを覚えたと思います。友だちも一緒だったので、**仕事が楽しくなり、稼ぐことの楽しさを知りました。**

そしてこのとき、一緒に働いていた親友の工藤靖明くんとは、起業という選択をし、一緒に何かをやることを探し始めました。起業前の迷える冒険です。二十歳になる少し前の頃です。

同時期に、2人で葵工業を辞めて、一緒に夢を見ながら稼げる仕事を探して、いくつか一緒に仕事を転々としました。

先輩に誘われ、中卒のくせに大学入試の教材を売る仕事も経験しました。毎日、着たこともないスーツを着て、電車に乗って川崎の溝の口にある会社まで通いました。3か月間だけでしたが、毎日高校生にテレアポをしてアポを取り、自宅に行って大学入試の教材を売る仕事です。いま思えば、高校にも行ってない2人がとんでもないことをしていたなと思います。ただ、ここで覚えたテレアポや営業が起業後にとても役に立ちました。

起業直前には、産業廃棄物処理会社でも出来高制で工事現場のごみ処理をする仕事をしました。これはホントきつかった。朝4時起きで帰るのが20時過ぎ、22時には寝てしまうという生活です。ただこの仕事を2人で頑張って、少しばかりの起業資金を手にします。

この頃は、本当に工藤くんと2人で、毎日のように同じ苦労をしながら、**夢を語ったりと人生で忘れられない大切な時間だったと思います。**ちなみにその後、工藤くんはすでに身につけていた塗装の事業をスタートし、現在は地元で株式会社ジャパンライフエイトという会社を経営し、埼玉にも事業を拡大しながら経営者として活躍しています。

鳶か塗装という選択肢もあったのですが、どちらの仕事も自分たちで始めるには資材の置き場や機材、車などが必要です。少なく見積もっても、500万円は用意しなければいけません。しかし、二十歳で500万円の貯金があるはずがありません。

その頃は、5万円あればいいほうでした。17歳くらいでちゃんと働き出してからは、月に20万円から25万円の収入がありましたが、入ったお金は全部使っていましたね。

やはり葵工業で塗装工になり、稼ぐということを覚えてからは少し変化がありました。

⬆地元のメンバーで、若気の至りが残る成人式

⬆起業3年目、ハウスクリーニング時代

二十歳のときは10代の頃と違い、ずいぶん落ち着いていました。そっちの世界に行ってしまう友だちもいましたが、私はちゃんと仕事をするグループに入っていたのです。

成人式にはスーツで出席しました。そのときの写真を見ると、スーツを着ていても座り方にはヤンチャな雰囲気が残っていますね。

◆◆◆ハウスクリーニングで「起業」！

将来どうしたらいいか悩んでいたときに、建築現場で掃除をしている人を見かけました。「掃除屋さん」、あるいは「洗い屋さん」と呼ばれる人たちです。

「これだ！」とひらめきました。早い話が、楽そうに見えたのです。当時は力仕事ばかりしていたのですが、毎日「きついな」と感じていました。

鳶の仕事をしていた18歳のとき、ひとまわり上で兄貴分みたいに仕事を教えてくれる先輩がいました。当時の私の日給は7000円で、30歳のその先輩は日給1万円。やっている仕事は2人とも、ほぼ同じです。

その先輩を毎日見ていて、**私は「こうはなりたくないな」**と思いました。30歳になってもこの仕事はやっていたくないと考え、ほかの仕事を探し始めていました。

たまたま見つけた掃除屋さんのことを調べてみました。当時は、新築物件を掃除するハウスクリーニングが流行り始めた頃でした。

友だちに聞いてみると、先輩にハウスクリーニングをやっている人がいると言うので、話を聞きに行きました。また、掃除屋さんをやっている人にどんな仕事か見させてもらったりした結果、ハウスクリーニングでの起業を決めました。もっとも、「起業」という意識ではなく、独立して働くという気持ちでした。

当時は、塗装屋から塗装の仕事を請け負う「手間請け」という仕組みもありました。これは半独立という形で会社から仕事を請け負うのですが、私はあえてハウスクリーニングの仕事で独立することを選びました。

実は、その頃、建築現場は人手不足のため手間請けでも仕事は多く、かなり稼ぐことができたのです。独立した後に、自分は不安定で大変な道を選んでしまったことを知りましたが、あとの祭りです。

起業したといっても初めの頃は仕事がないので、友だちの手伝いでペンキ塗りをやったり、先輩のところで穴を掘ったりしていたのが現実です。

独立したものの、待っていても仕事は来ません。そこで自分が動いて仕事を取ること、つまり、営業を始めました。この時に、以前のテレアポの経験が生きます。自分でテレアポマニュアルを作って、テレアポをしまくる毎日でした。さらに夜は毎日のようにチラシを持って原付バイクに乗って、チラシ配りをしていました。

21歳のときに独立の準備に入り、初めて仕事を取れたのが22歳になったばかりの7月です。いろいろなところをまわっているうちに、大手の引っ越し会社の下請けの内装屋さんと知り合い、そこからハウスクリーニングの仕事をもらうことができました。山本秀美社長が経営する株式会社秀美という会社です。この山本社長との出会いが、ハウスクリーニングを本格的にスタートするきっかけとなります。

当時、山本社長は大手引っ越し会社と業務提携しており、その関係でハウスクリーニングの起業支援をしていて、22歳のヤンチャな私を応援してくれました。ハウスクリーニングの研修もさせてもらい、多くのハウスクリーニングの同業の仲間との出会いもいただきました。その後も、下請けの仕事をいろいろまわしてもらい、山本社長との出会いがなければ、ハウスクリーニング業としてきちんとスタートできなかったでしょう。

おもな仕事内容は、引っ越しで空いた部屋の清掃と引っ越す前のクリーニングです。当時はまだ世の中の仕組みがわからず、人に頭を下げることも知らず、仕事をもらっている立場にも関わらず、文句やわがままばかりを言って、迷惑ばかりかけていた若造を育てていただいた山本社長には感謝です。

◆◆◆会社設立ってなんだ？

ハウスクリーニングの仕事は1人で始めたのですが、4年目に取引先である地元の信用金庫の勧めで法人成りをしています。そのときは「そろそろ法人にしたほうがいいですよ」と言われたのですが、当時はまだインターネットもなかったし、本で勉強するような人間でもなかったので法人の意味がわかりません。

「法人ってなんですか?」と尋ねると「会社です」との答え。さらに「会社ってなんですか？」という具合でした。

当時、預金が３００万円あったので、信金の人が「有限会社を作れますよ」と言います。説明を聞くと「預金の３００万円を担保に３００万円融資するので、それを資本金にしたらどうですか」とのこと。

言われるがままに３００万円を借りたのですが、今度は資本金の意味がわかりません。「このお金をどうしたらいいのですか？」と聞くと、「事務所を借りるのに使ってもいいですよ」。

さすがにこんな状態ではまずいと考え、本で勉強するため『会社を始めるなら有限会社にしなさい』というようなタイトルの本を買いました。その本を読んで、会社のことを勉強しました。当時はインターネットもなく、いまとはまったく違い、情報収集することや、ものを調べることは大変な時代でした。

26歳のとき、初めて地元東村山市の久米川駅のそばに事務所を借りました。６坪ぐらいの小さなオフィスです。

それまでの４年間は友だちや後輩に手伝ってもらっていましたが、何をやっているのかよくわからないような感じでした。手伝ってくれる人もどんどん代わるし、自宅の６畳の部屋で夢のない日々を送っていました。

ハウスクリーニングは名前のとおり人の家をクリーニングする仕事です。毎日のようにトイレ掃除をするのです。毎日トイレに手をつっこんで便器を洗うのです。当時は若かったので、あまり胸を張って仕事内容を人に言えない日々でした。また、仕事の半分くらいは床清掃です。つまり、一日中床を見ているわけです。下ばかり見ていると、気持ちが暗くなっていくのです。

知り合いの手伝いで成田空港の清掃に行ったことがありますが、そのときは死ぬかと思いました。3日3晩、ずっと床を見ていたので、絶望的な気持ちになりました。あのつらさは、いまでも忘れられません。そんな夢のない毎日だったのです。

ただし、その頃は自分の仕事に誇りを持てなかっただけで、ハウスクリーニング（掃除屋さん）の仕事を下に見ていたわけではありません。永ちゃんの本から影響を受け、「ビッグになりたい」という思いと現実とのギャップに夢が持てなかったのです。なにせ朝から晩まで、いや、**3日3晩寝れない日もしょっちゅうでした**。移動の車の中で仮眠する日々が続きました。朝から夜までハウスクリーニングをして、深夜に始まるパチンコ屋や飲食店の床清掃に向かう車の中で仮眠して、朝方に終わって帰る車で寝て、朝、ハウスクリーニングに出かけるという毎日の繰り返しでした。

◆◆◆ JC（青年会議所）入りで世界が広がる

起業をしたものの、きちんとした会社に勤めたことがないため請求書の存在も知りませんでした。取引先からお金をもらう方法がわからないので、「どうしたらいいですか？」と聞くと、「請求書をください」と言われ、初めて請求書が必要なことを知りました。

文房具屋で請求書を買い、書いて送った後、衝撃的な事実に遭遇です。「月末締めの翌々月の20日払い」と言われたのです。私は脳天気に、すぐお金がもらえると思っていました。しかも当時はまだ手形も多く、3か月後の月末払いも当たり前でした。

「来月、お金が入らない。どこからもお金も借りられない」ということで、当時は丸井のカードにはたいへんお世話になりました。確か、20万円ぐらいまで借りられたのです。

当時、私の資金繰りは丸井の赤いカード。 あれがなかったら、会社を続けることができなかったかもしれません。

悪戦苦闘の4年間の実績を踏まえて、信金がやっとお金を貸してくれたのですが、銀行

（信金）がお金を貸してくれることさえ知らなかったほどです。

仕事に関しては2年目からは仕事が増えたのですが、3年目はまた減り、4年目にふたたび仕事が増え、人も増やしたので法人成りしたという状況でした。

20代前半は本当に勢いだけ。若かったからあんな無茶な仕事のやり方ができたのだろうなと思います。

法人にして事務所を借りたことを契機に、事務員を雇うことにしました。もっとも事務員にどんな仕事をやってもらうのか、よくわかっていませんでしたが。

まずは、私宛てにかかってくる電話を減らすことが目的です。電話番をやってもらい、私が書いていた請求書も代わりに作ってもらいました。

そして、その翌年くらいから少しずつ現場を離れるようにして、できるだけ営業にまわることを意識しました。そんな頃にＪＣ（青年会議所）に入り、経営者の方々と知り合うことができたのです。

ＪＣに入るきっかけは、私の会社に事務機の営業にきた菅原恭一さんが会社の２代目で、ＪＣに入ったばかりだったことです。私と同年代だったこともあって菅原さんと仲良くなり、一緒にＪＣをやらないかと誘われました。そして、ＪＣという団体はスポンサー制度ということで、胡桃晶さんという先輩経営者を紹介してもらい、ＪＣに入会する決断をします。

私も、会社をちゃんと経営しなければいけないと考え始めた時期だったので、多くの社長さんと出会える絶好のチャンスだと思いました。もちろん、仕事欲しさに入ったという面もあります。

ＪＣに入っても、私は下っ端にすぎません。ただ例会と呼ばれる会合に行くと、市内を車でまわっていると見かける立派な看板を掲げた会社の社長さんたちと知り合えることは、とても新鮮でした。なにしろスーツを着ることなどなく、ＪＣに入会したときが成人式以来のスーツという人間でしたから。

こうして東村山市の経済界にデビューしました。

業務内容もハウスクリーニングからリフォーム、建物管理をおこなう設備メンテナンスと広がっていきました。

⬆JC活動真っ盛りの30代、失敗知らずの頃

そして、ＪＣに入ったことがきっかけでお酒を飲むことや接待ということも教わりました。当時はほとんどお酒が飲めなかったのですが、胡桃さん、菅原さんとはよくお酒を飲みながら会社経営というものを教わりました。

胡桃さんの会社は健康食品の会社で、当時から全国規模の事業をされていたので、とても勉強になりました。当然、お酒の飲み方や接待の仕方も勉強させていただきました。

2章

倒産と自己破産と脳幹出血

◆◆◆グッドウィルの折口雅博さんとの出会い

私は22歳のときにハウスクリーニング業で起業しましたが、自分としては「起業」というよりも、誰かに使われるのではなく、独立して自分で仕事をするという感じでした。

それでも4年後には法人成りし、会社を大きくすることに奮闘する日々が続きました。

いま振り返ると、ＪＣ（青年会議所）に入ったことが経営者として成長するきっかけになりました。

30歳になった頃からは、地元の東村山のＪＣだけでなく、東京ＪＣや日本ＪＣの会合にも参加するようになりました。そうしたこともあり、地元で頑張るハウスクリーニング屋ではなく、もっと上を目指したいという夢がふくらんできたのです。

その頃、「上場」というランクアップがあることを知りました。

28歳くらいのとき、先輩社長のお誘いでグッドウィルの折口雅博さんの話を聞く機会がありました。まだグッドウィルが上場する前だったと思うのですが、**「こんなエネルギッ**

シュな経営者がいるのか」 と非凡さに本当に驚きました。

アウトソーシングがテーマだったと思いますが、すべての発想が普通の人とはまったく違っていたのです。東村山は東京と言っても田舎のほうですし、ＪＣのメンバーもオーナー社長がほとんどで、ベンチャービジネスの世界とは縁遠かったからです。折口さんの話は、日本語なのに何を言っているのか理解不能な感じでした。

それでも、上場すると何が変わるのか、経営者として若造の私たちに熱く語る姿をはっきりと覚えています。

法人にして、なんとか経営が順調になってきた頃に、知人の紹介で美容院を４店経営する社長さんと出会い、意気投合して一緒にビジネスしたいですねと言われ、５店舗目を出すにあたり、出資の相談を受けました。結局、５００万円を出資し、さらに６００万円の借入金の連帯保証人になりました。

ところが３か月後に突然、社長が姿を消したのです。夜逃げです。**私は26歳で合計１１００万円を失いました。** そして６００万円の借金を背負うことになりました。それを30歳ぐらいまでコツコツと返済しましたが、貯金を失い、借金もできたのでショックは大きかったですね。

どんなことをしてもお金を取り戻そうと、ほかの債権者たちと協力して社長の行方を探しました。半年ぐらい追い続けて、やっと福島県内のサウナで見つけたのですが、お金はまったく持っていません。

相手は「ごめんなさい」と謝るばかり。さんざん逃げまわって、なんとかサウナで暮らしているような状況です。その姿を見ているうちに、「もうこの人からはお金が取れない」とわかりました。そして、**「しょうがない、ちゃんと前を向いて仕事をしよう」と頭を切り替え、真面目に働こうと決めました。**

その後、折口さんと出会って上場という華々しいイベントを目の当たりにしたわけです。

◆◆◆攻めの経営でＩＰＯを目指す……

経営者としてさまざまな経験を重ねるうちに、自分の目指すものがだんだん固まってきました。

ハウスクリーニングとリフォーム、設備メンテナンスで事業は伸びていたのですが、当時はとにかく人手が足りない状態でした。そこで折口さんの話を聞いた縁もあり、グッドウィルに短期契約の人材派遣を頼んでいました。その後、フルキャストとも取引を始めました。

当時、軽作業請負の人材ビジネスではグッドウィルが一番手で二番がフルキャスト、三番が大阪のユニティーという会社でした。そのユニティーの創業者の村瀬孝司さんと知り合いになり、「人材ビジネスのノウハウを教えるから一緒にやらないか」と誘われました。人材ビジネスの業界がどのような仕組みになっているか、実際に取引をして少しわかっていたので、共同で会社を設立することにしました。32〜33歳のときです。

ユニティの創業者の村瀬さんはＩＰＯ（新規株式公開）を目指していました。そのため子会社を複数作るという戦略を取り、村瀬さんと同い歳ということもあり意気投合し、私は人材ビジネスに真剣に取り組みました。

当時はＹａｈｏｏ！ＢＢがブロードバンドの普及を積極的に事業展開し始めた時期で、人を集めればその代理店から多くの仕事が請けられたのです。

人材ビジネスは軌道に乗り、グループ会社も増えていきました。業績的には波に乗っている感じでしたが、資金繰りはいつも大変でした。

ＩＰＯを目指せそうなところまで事業を伸ばし、事業会社とホールディング会社に分けていきました。当時はグループ会社が11社あり、全体で20億円強の売上です。自分としては、もう少し頑張って売上を50億円まで伸ばせば、ＩＰＯも可能かなという感触を持っていました。

ところが、36歳のときに思いもよらない事故が起こりました。詳細は省きますが、この事故によってＩＰＯの計画どころかすべてにおいて、私の人生は頓挫しました。

◆◆◆倒産と自己破産

いまから考えると、その頃の私は天狗になっていたのでしょう。イケイケどんどんで、驕《おご》りもあり浮かれていたのでしょう。まだ30代半ばなのに、会社では社長ではなく会長と呼ばれるようになっていました。

事故が原因でビジネス活動はしばらく休まざるを得なくなり、会社には行かず、自宅に引きこもる日々が半年ぐらい続いたのです。

結局、自宅のある東村山ではもうビジネスがやりにくいと感じたので、都内に出ることにしました。人材ビジネスの関係で都内にも事務所があったので、麻布十番に自宅兼事務所として拠点を移しました。

ＩＰＯを目指していた計画はすべてご破算となり、金融機関や投資家からお金の返済を迫られます。投資として資金を入れてもらったはずなのに、それが借入金に変わっていました。当時、**私についてきてくれた内部の子会社の社長や役員、さらに仲良くさせてもらっていた大勢の人も私のもとから離れていきました。私は事実上、お金と人脈を失いました。**

都内でビジネスの立て直しをしながら、40歳までの4年間は私財を売却したりして、借入金の整理に追われる日々が続きました。

そして40歳になったとき、一度事業をすべて整理したほうがいいと踏ん切りをつけ、会社の整理を決断しました。私を信じてついてきてくれた役員や社員の給与を4年間、一度も昇給することができなかったのです。ここで会社を整理することで、最低限の迷惑ですむと判断できたからです。

そして会社の整理を決断し、自分が株主のすべての法人を倒産、私個人も自己破産することになりました。そのときは多くの方にご迷惑をおかけして本当に申し訳ないのですが、当時はどうにもならなかったのも事実です。私に関わったすべての皆様に、この場を借りてお詫び申し上げます。

30代半ばで会長と呼ばれるような立場になると、人としてどこかおかしくなってしまったのでしょう。そう感じた私は、40歳のときに生き方を変えようと思いました。

ただプライドだけは高くなってしまっています。そんな自分をどうしたら変えることができるのか、すぐにはわかりませんでした。

自己破産した後、お金はありませんが時間だけはあります。東村山の自宅売却が決まるまで、家に1人でこもる日々が続きました。

そのうち**「家にこもっていても仕方がない。何かしなければいけない」**と考えるようになり、管財人に聞くと「働いても大丈夫ですよ」と言ってくれました。

◆◆◆会長職からタクシー運転手へ。全部壊してゼロになる

自分のプライドを壊し、すべてを一度リセットするには何をしたらいいのか……。あれこれ考えた結果、世間的に立場が低く見られがちな仕事をしようと思いました。建築現場の仕事は、すでに経験済みです。思い浮かんだのが、コンビニかカラオケの店員。もうひとつがタクシー運転手です。

考えた末、車の運転は好きなのでタクシーの運転手に決めました。同じＪＣメンバーだった地元のタクシー会社「東京交通」の中條基成社長に相談したところ、雇ってもらえました。しかも仲が良かったこともあり、タクシーの運転に必要な二種免許も取らせてくれたのです。いまとなっては感謝しかありません。

ただ、人生をリセットして新たなビジネスに進む踏ん切りをつけるためなので、タクシー運転手をずっとやるつもりはないこと、長くても3か月から半年ぐらいの心づもりであることを事前に伝えて、了承してもらいました。

タクシーの運転をする場所は、地元の東村山を選びました。11社のグループ会社の会長時代を知る人にすれば、おそらくカッコ悪く見えるでしょうが、あえて地元で、タクシー運転手で社会復帰しました。40歳の再出発です。

予想はしていましたが、やはりプライドを壊されるような経験をいろいろしました。働く時間は夜を選んだので、酔っ払い相手が多かったのです。酔っ払いの中には、タクシー運転手など人間と思っていないような態度をとる人もいました。

酔った勢いで、溜まっているうっぷんをタクシー運転手に吐き出すのです。仕事のストレスや家庭での不満を、いやと言うほど耳にしました。

遠回りをしたと文句を言われ、蹴られたこともあります。土建屋の社長らしき人から「俺のことを知らないのか！」と怒鳴られたこともありました。

最初の1か月はイライラの連続でしたが、2か月目ぐらいからは「この仕事も面白いな」と人間ウォッチングをする余裕も出てきました。正直にお話しすると、お金に追われるという恐怖から解放され、なによりもホッとしました。

心のリセットができたので、３か月でタクシー運転手はやめました。私のわがままに応じてくれた東京交通の中條社長には感謝するばかりです。

◆◆◆「からあげチャンピオン」の快進撃と挫折

心のリセットはできましたが、東村山でビジネスを再開することは難しかったので、もう一度都内に拠点を設けることにしました。そして、コンサルティングのような形で、知り合いに紹介された会社の手伝いから始めました。

ＩＰＯを目指していたときの経験から、**お金は貯めるだけではなく、うまく回すことでより大きなお金を生むという感覚は身についていました。**なので、たとえば１００万円が貯まったら貯金するのではなく、どこかに出資することを始めました。投資家的な活動も始めたのです。

まず、顧問をさせてもらっていたイベント会社に出資して新会社を立ち上げました。そして、その会社で初めて飲食業にチャレンジです。「からあげチャンピオン」という唐揚げ専門の惣菜屋でした。

仲間に唐揚げを作れる人がいたことと、唐揚げがブームになりつつあったことから、新会社を設立して代表取締役に就任し、思い切って立ち上げました。

結果は、半年で8店舗まで広げることができました。ところが、さらに半年後の2012月1月に突然、脳幹出血で私は倒れたのです。

結局、その事業も駄目になりました。脳幹出血の発症後、私が入院中している間に、一緒に組んでいた当時のパートナーのもとに悪い先輩経営者が近寄ってきて、乗っ取られてしまったのです。

入院中の私は頭がボーッとしていたので、パートナーには「好きなようにしていいよ」と言ってありました。すると、パートナーを言葉巧みにそそのかして、からあげチャンピオンの事業をほかの会社に無償譲渡させられ、すべての店舗の看板が変わっていたのです。

その結果、そのパートナーのイベント会社も倒産し、私のもとには負債だけが押し付けられて残りました。

退院すると、私には2400万円の借金ができていました。入院中にも債権者たちがよくやってきました。そして退院後、私に待っていたのは取り立ての毎日でした。弁護士に相談したところ「坂田さんは病気で、まだ麻痺も残っていることだし、自己破産したらどうか」と言われました。

でも、私はその選択をしませんでした。

きちんと負債は背負い、社会復帰をして返済するという民事再生を選択しました。弁護士にも入ってもらって民事再生のための債権者集会を開き、債権者の皆さんに債権を圧縮させてもらいました。そして社会復帰後、5年間くらいでなんとか返済を終えました。

◆◆◆脳幹出血で倒れた日

脳幹出血とは、呼吸や血圧を保つなど生命活動の基本を担う脳幹という部位に生じる出血です。脳幹で出血すると急速に昏睡状態に陥り、死亡率は80％とも言われています。死を免れても重度の障害が残ることが多く、ほとんどの人が車椅子での生活を強いられます。

そんな脳幹出血で倒れたのに、私は奇跡的とも言えるほどの回復ができました。医学的にも珍しい症例として、ＮＨＫの「みんなの健康」という番組で紹介されたこともあります。

２０１２年1月26日、出張から戻り、自宅でくつろいでいるとき、鼻水か鼻血が流れたような感触がありました。「あれ？」と思ったのですが、鼻水も鼻血も出ていません。急に顔面の右半分に冷や汗が出ました。「おかしいな」と思いながら、水を飲んだり汗を拭いているうちに半身不随が始まり、ソファーに倒れこみました。

「出かける用事があるのにどうしよう」と思ったのですが、とにかく記憶は全部あります。「あれ？」と思っているうちに「これはもしかしたら脳出血だ。大変だ」と気づきました。マンションの部屋から出ないと誰にも見つけてもらえず、死んでしまうと思いました。

ただ、部屋から出たくても、すでに左半身不随状態です。

片方の手と足を使って鍵を開けて、なんとか部屋から出られましたが、歩けば10秒ぐらいの距離を這ったり転がったりしながら、２時間ぐらいかけて共用部分までたどり着きました。

エレベーターの中に入れば、誰か来るだろうと思いました。結局、エレベーターの中で倒れているのを見つけてもらうことができました。

必死に這っていると、出血の影響なのか途中で眠くなります。おそらく何回も意識を失ったのでしょう。パッと意識が戻ると、「このまま終わってたまるか！」と気合いを入れ、自分に怒りながら這って進みました。

よくドラマで、雪山で遭難したときに「寝たら死んでしまう」という場面がありますが、それと同じような気持ちはありました。**「寝てたまるか。こんなことで人生が終わってたまるか！」**と心の中で怒鳴っていました。

救急車に乗った記憶もあります。病院に運ばれ、検査や診察が終わり、ＩＣＵの部屋で処置が終わり、先生や看護師さんに囲まれたとき、初めて「助かった」と思い、目をつむって眠りに落ちました。

いま振り返ると、前兆現象として血圧が高いことは自覚していました。それに、久しぶりにビジネスに復帰したことによるストレスもあったのでしょう。

病院で目が覚めたときには、なにが現実なのかわかりませんでした。

気がつくと半身不随でベッドにいました。酸素マスクをして声が出ないし、手も足も動きません。そんなシーンを覚えています。

最初の1週間は、脳の出血量も多かったのでほとんど寝ていました。1日のうち20時間くらいは寝ていたと思います。寝ているときには、現実と真反対の夢を見ました。友だちと酒を飲んだり、仕事をしている夢を見るのですが、現実は酸素マスクをして点滴もしています。

体を動かすことができず、いままで味わったことのない絶望感に陥りました。

あの厳しい父親が、目が覚めたときにはベッドのわきにいて、とてもやさしかったのです。そのときには「命が危ないから、みんなやさしいのかな」と思ったりしました。

最初の1週間はほとんど記憶がありませんが、その後はところどころ記憶があります。はっきり覚えているのは、医師から車椅子の宣告をされ、**「一生、障害者として生きることを覚悟してください」**と言われたことです。それを聞いて、激しく落ち込みました。死ぬほど落ち込み、人にも会いたくないので面会謝絶にしてもらいました。

言語障害もあり、「うーうー」とうなるのが精一杯でした。

落ち込んで、「このまま死んじゃいたいな」と思ったほどです。会社を倒産させたときにも死にたいとは思わなかったのに、そのときは初めて死にたいと思いました。事業の失敗なんて大したことないと思ったほどです。

◆◆◆絶望から救ってくれたリハビリの先生の言葉

入院から2週間後、容態が安定してきたということで初めてのリハビリの日を迎えました。そのときの**2人のリハビリの先生の言葉によって、私は前を向くことができました。**

「はじめに」でも書いたように、理学療法士の小松崎千恵先生が私の左足をさわりながら、「足の付け根の奥に力を感じるので、坂田さん、頑張れば歩けるようになるかもしれませんよ」と言ってくれたのです。

その言葉を聞いたとき、リハビリ室で号泣してしまいました。医師から車椅子の宣告をされてから、落ち込んでばかりの生活に光が見えたのです。

次のリハビリでは、作業療法士の國分ゆかり先生が私の左手をさわりながら、「手が動くことをイメージしてください」と言いました。

その言葉を聞いて、「なるほど、手が動くと思えばいいのだ」と納得しました。経営者として私は、会社の経営戦略や資金繰りなどをつねに頭の中でイメージをすることが習慣になっていたからです。

そのときから、私は本来のポジティブ人間に戻ることができました。「病は気から」と言いますが、逆に言えば、治ると思えば治るのです。

私は「自分は治る」と信じ込みました。

その日から、死ぬ気でリハビリに取り組みました。普通の人はリハビリの場所にいる時間しかおこなわないかもしれませんが、私はその時間以外も、リハビリにあてようと決めました。

何をしたらいいのか先生に聞いたところ、中身の入ったペットボトルを手のひらの上に置いておくといいと教えてくれました。そうすると、手でつかむ感覚を思い出すことができるというのです。

そこで病室にいるときは、ずっと左の手のひらの上にペットボトルを置いて、それを握ることをイメージしていました。

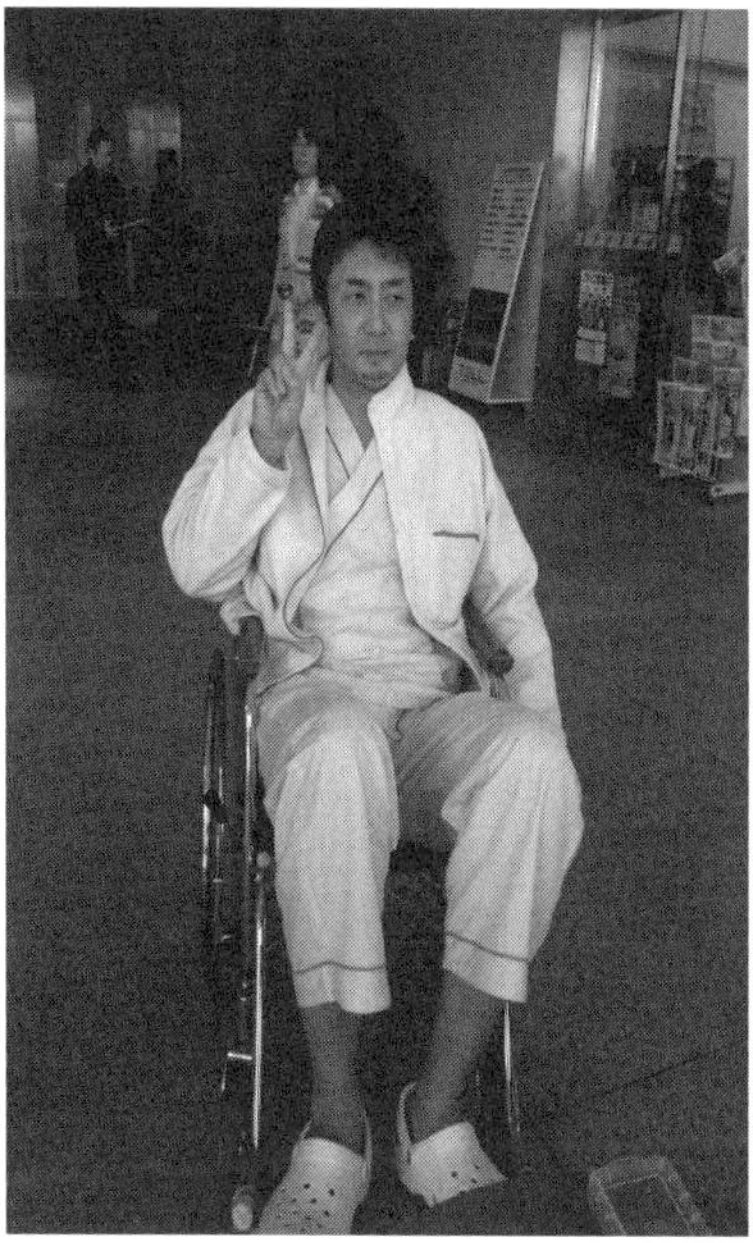

⬆脳幹出血で倒れ入院中、車椅子の生活

◆◆◆ 指が動いた！

私が入院したのは緊急時に運ばれる急性期の病院だったので、1か月程度でリハビリ専門の病院へ転院する必要があり、転院先の病院も決まりました。

転院の1週間くらい前、伸びたまま動かなかった左の親指と人差し指が、ほんの少しだけ動いたのです。

その瞬間、私は自分の体の中で神経や細胞が繋がったと思いました。

次の日には、指がもう少し動くようになりました。三日目には、肘《ひじ》が少し動くようになりました。指が動いてから1週間後には、なんと立つことができました。そして、ヨタヨタですが歩くことができるようになったのです。

先生がそれを見て「リハビリの病院に行くよりも退院したほうが、社会生活に早く慣れるでしょう」と判断し、退院を勧めてくれました。

父親に電話で退院のことを伝えても信じてくれません。「なに勝手なことを言っているんだ」と言うばかりで、退院の手続きをしに病院に来てくれません。そこで先生から直接、電話してもらい、やっと信じてもらえました。

こうして奇跡的な回復で退院がかなったのです。

退院後は東村山の実家で3か月、療養しました。退院した後も、朝から夜まで毎日リハビリです。必死に頑張りました。

言語障害もひどかったので、朝起きると1時間は言葉をしゃべるトレーニングです。朝ごはんを食べた後は入会したジムに行き、ヨガなどで体を動かします。有酸素運動がリハビリには効果があるというので、長い時間プールで歩きました。午後3時ぐらいまでジムにいる毎日でした。

ジムの帰りにはカラオケボックスへ行き、大きな声を出す練習のために、ひとりカラオケをしていました。ひとりカラオケなど初めての経験でしたが、恥ずかしがらずに毎日通いました。その頃は音程も取れなくなり、大きな声も出すこともできなかったのです。もちろん、きちんと話をすることすらも、できませんでした。

結局、いまでものどの奥に麻痺が残っていて、発音が正しくできない構音障害が残っています。私の感覚では、話す能力は以前の70％くらいです。

◆◆◆病気を通して神様が「気づき」を与えてくれた

私は入院中に、**「普通（の人間）になる」**と決めていました。

車椅子を使っていても、どうしても仕事のことを考えてしまいます。そのときは、車椅子のまま仕事に復帰しても、電動車椅子に乗っている自分しかイメージできませんでした。そんな姿はいやでした。私はどうしても完全な社会復帰がしたかったので、普通になれるまでは、リハビリに専念することを決めたのです。

そのため約2年間は、ほぼ無収入でした。

債権者会議でも、私の体調がもとに戻るまで待ってほしいとお願いしました。結局、借金の返済を始めたのは２０１４年からです。退院後約2年間は、ほぼ毎日リハビリに専念しました。リハビリは、とにかく先が見えず精神的にもつらかったですね。

いまでは見た目は普通の状態に戻りましたが、人と話すことも大変で、1年間は記憶も曖昧で会話も成り立ちませんでした。

たとえば、人からAについて聞かれているのに、私はBのことを答えているのです。頭のネジがずれているのか、あるいは抜けているような状態なのでしょう。仕事をしようと思っても、まるで考えがまとまりませんでした。

会話のスピードについていくこともできません。内容も理解できません。

先生からも脳へのダメージが大きいので、1年ぐらいはのんびりしたほうがいいと言われていましたが、本当にそのとおりで何も考えられませんでした。

体の復活よりも、会話がもとに戻るほうが時間がかかりました。

2013年になると、どんな仕事をしようかとずっと考えていました。ただ病気になったことと、ちょうど45歳になり人生の後半戦に向かうということで、生き方について考え直すようになりました。

それまではビジネスマンとして、起業家として、ある意味、お金を稼ぐことが目的の人生という面がありましたが、**「それでいいのかな、幸せってなんだろう」**と、とことん考え抜きました。

そして、決めたことが2つあります。

一つは、怒ることをやめました。もう一つは、赦《ゆる》す（許す）ことを覚えました。

唐揚げの事業が他人のものになったことを知ったときは、腹立たしくて仕方がありませんでした。でも、ビジネスの場にいられなくなった自分が悪いのだとあきらめ、

「他人のことをあれこれ言っても仕方がない。いままで何回もそういう思いをしてきたのだから。そんなことに腹を立てても仕方がない」

ということが、病気のおかげでわかるようになってきました。

私は、事業の失敗と大病を経て、やっと人生の真理、人生の在り方に気づくことができたのかもしれません。「自分を律することができない人間になっているぞ」と、神様が病気を通して気づかせてくれたと思えるようになりました。

3章

自分のスキルを生かせば、誰でも起業はできる

◆◆◆「起業＝ＩＴ＝ＩＰＯ」だけではない

この本は「起業をしたい」と思っている人に読んでほしいと思っています。ただ、「起業＝ＩＴ＝ＩＰＯ」と勘違いしている人が多いという現実もあります。そのため起業をしたくても、自分には無理だと考えてあきらめてしまっている人もいるでしょう。

そういう人たちに、自分のスキルや専門知識を生かせば、誰でも起業はできることを知ってほしいという思いから、この本の出版を決めました。

脳幹出血で倒れた後、私は2年間、リハビリに専念しました。その後、再起動し、現在はいろいろな分野のビジネスに携わっています。そのなかには医療・介護・福祉関係の仕事もあります。

それまで医療関係のビジネスとは無関係だったのに、私は未経験の分野で起業し、しかも順調に業績を伸ばすことができています。ほかにアパレルや飲食業でも起業を手がけています。

このように、私はITとは無関係の分野で起業しています。つまり、「起業＝IT＝IPO」は単なる思い込みに過ぎません。自分のスキルや専門知識を生かせば、どんな分野でもどんな規模でも起業は可能なのです。

私が医療・介護・福祉の業界で起業にいたった経緯を紹介することで、そのことを実感していただけることでしょう。

◆◆◆起業家の卵たちとの出会い

リハビリ中には、「これからどうやって生きていこうかな、仕事をどうしようかな」と考えていました。そんなときに頭に浮かんだのは**「社会復帰できたら、人のためになる仕事をやろう」**という思いです。いままでやってきたこととは違うビジネスをおこなおうと思いました。

その思いが、医療・介護・福祉関係の事業を手がけることにつながりました。

実は、私は手術をしてないので医師のお世話にはあまりなっていません。いつも助けてくれたのは、看護師さんとリハビリの先生だったのです。

そこで、この二つの仕事の人たちに恩返しをしたいと考えました。彼らが主役になれる仕事はなんだろうと考えた結果が、在宅医療のビジネス、訪問看護ステーションだったのです。

私がリハビリに励んでいるとき、知り合いが若い人を集めた起業の勉強会を始めました。それを手伝ってほしいと言われましたが、「リハビリ中だし、何もできないよ」と答えました。

すると、「坂田さんの起業経験を勉強会で話してほしい」と頼まれました。講演自体は以前からおこなっていたのですが、言語聴覚士の先生から「人前に立つ講演家としての活動はもうできませんよ」と言われていました。その宣告を克服したいという思いもあったので、リハビリのつもりでその申し出を受けたのです。

いざ会場に行くと驚きが待っていました。20代前半の若者が多く、目をキラキラさせた起業家の卵たちと出会うことができたのです。20年以上前の自分の姿を見るようで胸が熱くなりました。

そのとき、「そうだよな、起業って楽しいよな」という思いを強くしたのです。

訪問看護ステーションを始めるきっかけは、その勉強会に若い男性看護師の大河原峻くんが参加していたことです。彼は病院を辞めてほかの分野での起業を考えており、家も近所だったこともあり、勉強会の後も私のところに相談に来ていました。

自分のリハビリ体験を踏まえて医療関係の仕事をしたいと思っていたとき、訪問看護というビジネスを見つけ、私はこのビジネスをやってみようと決めつつありました。

そこで、彼に「訪問看護ビジネスで起業するのはどうだろう？　看護師ならできるのではないかな」と伝えました。

もともと起業を考えていた彼と意気投合し、彼が代表者のRecovery International株式会社を設立し、「訪問看護ステーションリカバリー」を２０１４年1月に開設しました。

◆◆◆3年で国家資格の有資格者が１００人に

訪問看護ステーションとは、看護師とリハビリの先生が利用者の自宅に行って看護とリハビリのサービスを提供するビジネスです。たとえば、病院ならオムツを替えたり、注射を打ったりするのは看護師ですが、自宅療養の人のところに看護師が出向いて同様のサービスをおこないます。リハビリも病院のリハビリ室ではなくて自宅でおこないます。

仕事自体はケアマネージャー事務所などから受けることになります。

「在宅医療業界に新しい風を吹かせよう」という意気込みで、若い3人の看護師と一緒にスタートしました（看護師が3人いないと、この事業を始めることはできません）。

脳幹出血で倒れて、2年後の本格的社会復帰です。

私は、訪問看護の事業はもっと世間に広く知られるべき仕事で、多くの人が知らないところで頑張っている看護師さんやリハビリの先生たちに、もっとスポットライトを当てたいと思いました。私自身も在宅医療の利用者だったので必要性を痛感し、このサービスを提供する会社がもっと増えるべきだと感じていました。

そこで、このビジネスの可能性を広く知ってもらうためにもＩＰＯ（新規株式公開）を目標にし、私も役員（兼株主）として経営に参加しました。3年間は役員として常勤で勤め、上場までの道筋をつけようと約束してスタートしたのです。3年経った時点で役員は退きましたが、現在も株主として残っています。

この会社は3年で、国家資格の有資格者を100人まで増やすことができました。

医療・看護・福祉関係の労働環境は厳しい状況にありますが、彼らにはスキルがあります。しかし、そのスキルを活かしていないのが現実です。

自分が病気になって感じたのですが、医療や福祉や介護の業界は人の役に立つ仕事をしているのに、自分たちが生き生きしていないのです。はたから見ると、つまらなそうに働いているように感じられてなりませんでした。

訪問看護ステーションリカバリーを始めたとき、スローガンを「いきいきナーシング」にしました（現在は変更）。医療従事者たちにいきいきと働いてほしかったからです。

新型コロナの感染拡大で医療の現場は、さらに過酷な状況になっています。そうした人たちにも、目標を持って働くことで夢を叶えてほしいと願っています。

私は中卒で学歴がありません。普通自動車免許と小型船舶の免許はありますが、何も資格を取ることができません。日本の資格のほとんどは、高卒が条件になっているからです。

ハウスクリーニング屋をやっているときも、建物管理関係の資格は何も取ることができませんでした。そこで、社員に資格を取らせるか、あるいは資格を持っている人を雇うしかありません。

これは、たまたまそうした方法を選択するしかなかったからですが、結果として、私自分はビジネスモデルを構築することをメインでおこなってきました。そして、ビジネスモデルとは、売上と経費のバランスの組み立てができればいいということに、ある日、気づいたのです。

医療・介護・福祉分野では、ほかにも起業に携わっている例があります。Recovery International株式会社を退任した翌年の２０１７年には、「ライフケアコンシェルジュ株式会社」を、リカバリーも株主になってもらい同時期に役員を退任した親友の加藤慎一郎さん、リカバリーのリハビリ部門を立ち上げた理学療法士の鳥谷将由くんと一緒に立ち上げました。そして、自費対応など医療のサービスを広げた「ＬＣＣ訪問看護ステーション」を東京の西麻布に開設しました。

加藤さんは私の親友でもありますが、病気からの社会復帰後にいくつか一緒に事業をしています。

もともと加藤さんは現UTグループの創業者であり、人材ビジネスで上場を経験され、UTグループの大株主でもあり、現在は経営の第一線から退かれて、投資家として活躍されています。私は退院後、彼に医療人材の派遣や業務請負などができないだろうかと相談をしており、その関係でリカバリーのIPOを目指すところからリカバリーの株主・取締役にも入ってもらい、一緒に医療業界に着手したこともあります。

現在はディー&グロースキャピタル株式会社を立ち上げ、ベンチャーキャピタルとして世の中を大きく変える国内外のベンチャーおよび成長企業に対し、投資・育成をおこなっています。

私もこのベンチャーキャピタルの執行役員として、お手伝いさせていただいています。

2018年に鹿児島で起業した「株式会社スカイメディケアラボ」という会社では、子供の発達障害支援をおこなうための「ことばの教室そらまめキッズ」を開設して、現在は2店舗で、2021年4月に3店舗目も開設します。

私は言語聴覚士の久保田空社長が、社名を決めるところからアドバイスをして、出資もさせていただき、役員にも入っています。起業したのは、病院で言語聴覚士として働いていた人です。ビジネスモデルが出来上がってきたので、次は「そらまめキッズ」のフランチャイズ展開を考えています。

さらに2020年11月に、群馬県の高崎で法人設立した「株式会社エンジョイント」です。理学療法士の鳥毛正弘くんは、障害者のグループホーム事業「自立支援型グループホーム　ONE´S PLACE」を2021年4月に開設し、就労支援もおこなう計画も持っています。この法人も鳥毛くんの熱意に打たれて出資させていただき、役員になっています。

◆◆◆アパレルでの起業

リカバリーを退任後、すぐにアパレル事業の立ち上げもしました。2016年のことです。アパレルで起業したいというチームからの相談を受けて、立ち上げチームでアイデアを出し合ったり、ディスカッションした結果、オンラインに特化したアパレルショップの開設を決めました。

当時は、無料でネットショップを開設できる「BASE」のサービスが始まった頃で「誰でもオンラインショップ開けますよ」というキャッチフレーズに乗って、このチームの起業はうまくいきました。ＢＡＳＥの総合ランキングのトップ10以内に入っています。商材は洋服や雑貨、小物など海外の商品を扱うセレクトショップです。商品は主に海外から輸入しています。

チームリーダー自らがバイヤーで、「自分が好きなものを売りなさい」と言ってあります。バイヤーが可愛いなと思ったもの、自分が持っていたいなと思うものを仕入れています。

ターゲットはちゃんと絞ったほうがいいので、そうした経営戦略的なものは私が固めていきました。ターゲットは25歳から35歳の女性、いわゆるＦ1層に絞りました。同じような服が好きな人に届けばいいと決めて、バイヤーが気に入ったものしか仕入れていません。

ネットショップを開いている友人の経営者に話を聞いたところ、「ヤフーショッピングと楽天市場に出店するのがいいよ」というアドバイスでした。

なぜなら、ＢＡＳＥにはお客がいないからです。ヤフーや楽天は、すでにそれぞれの会員が多数います。つまり、お客さんがいるということです。ところが、ＢＡＳＥは電子決済が簡単にできる便利なＥＣサイトですが、当時ＢＡＳＥ自体にはお客さんが少なかったと思います。

したがって、ＢＡＳＥに出店してもヤフーや楽天に比べて、買う人が圧倒的に少ないのです。ただし、ＢＡＳＥは素人でも簡単に扱えて、ＥＣサイトとしても最新で、ヤフーや楽天より作業オペレーションを組みやすかったのです。


ここでは、ＳＮＳからの集客を考えました。その頃は、インスタグラムがフェイスブックを超えて勢いが出ていたので、まずはインスタグラムからの集客を手がけました。

仕入れに関しては、海外の代行業者を何社も検討したりしてルートを作ることができました。複数のルートを試した結果、最終的に一つに絞ることができました。

そうしたことをアドバイスしながら、ビジネスモデルを構築していったのです。

◆◆◆ＳＮＳで集客し、ＢＡＳＥのホームページに誘導

ネットショップでは、海外の商品を転売して日本をお客さんに売るというビジネスも可能ですが、転売だけだと利益も少なく、配送も遅くなってしまいます。ネット通販会社を

経営している友人に話を聞くと、在庫を持って商品を即納できないと売上を伸ばしたり、利益を増やすことが難しいと言われました。そこで、在庫を持つことにしました。

ただし、仕入れ先は会ったこともない海外の業者です。ビジネスの経験が少ない人だと海外の知らない人に、たとえば10万円を払うなんて怖くてできません。仕入代金を先に払うことが難しいのです。実は、ここにネットショップビジネスのひとつの壁があります。知らない人に、10万円を前払いをするという度胸がないのです。

私は、ある商品がよく売れるのを見て、「もっと仕入れなさい」と背中を押して40万円分を買わせました。こうした判断をするには、ある程度のビジネス経験がないと難しいかもしれません。

もちろん、私には成算がありました。ちょうど売上が上がってきた時期だったので、40万円のGOサインを出しました。その時点ですでに40万円の利益は確保されているので、その40万円を仕入れに突っ込ませたのです。こうした判断をできたことで、順調に売上は伸びていきました。

先行投資に関する判断は、起業したばかりの人には、なかなか難しいかもしれません。

現在は、現物を仕入れて即納が可能な商品と転売の商品を半々にしてリスクヘッジをかけてあります。即納商品は売れれば、すぐ売上になりますから。

最初は経費をかけないように自宅で始めたのですが、扱う商品量が増えたので事務所を借りて、そこから配送しています。そこは海外から商品が届いてお客さんに送る配送センターになっています。

集客方法はインスタグラムが中心です。そこからＢＡＳＥのホームページに誘導しています。

売上は月に８００万円から１０００万円近くあり、実店舗がないので固定費を抑えられて、利益率はかなり高くなっています。

チームリーダーは、バイヤーとして養った目利きというスキルを生かすことで、自分たちの夢を叶える起業が実現できたのです。いまは、これ以上会社を大きくするよりも、自分たちの目の届く範囲でやれればいいと言っています。

それでもインターネット上にすでに数種類のアパレルブランドを展開しています。

私は、このノウハウをフランチャイズ展開するために、新法人の設立のお手伝いもしました。近所に住む知り合いの杉本美穂さんの起業を手伝い、株式会社ＣＨＡＰＰＹを設立。この法人にアパレルビジネスのノウハウを集約し、全国にフランチャイズ展開させようと計画しています。

主婦が自宅でスマホを操作しながらオンラインショップが持てます、という仕組みが全国にフランチャイズ展開できれば、月に5、6万円、あるいは10万円のお小遣いが手に入るという働き方を広めていけると希望を持っています。

◆◆◆一般社団法人「日本訪問理美容推進協会」の設立

２０１７年には「日本訪問理美容推進協会」（呼称ＪＶＰＡ）という一般社団法人も設立しています。

知り合いの美容師の田村明彦くんはこれからの美容師はサロンだけで働くことに疑問を持っており、訪問美容業界に興味があったそうです。私が訪問看護ステーションを始めたことをフェイスブックで見て、会って話をしたいと久しぶりに連絡してきました。

そのとき、「訪問美容ってどう思います?」と聞かれました。

訪問美容とはサロンなどの店舗に行くことができない人のため、美容師が自宅や病院、施設などを訪問しておこなう出張美容のことです。

彼は訪問美容に興味を持ち、ボランティアでおこなっていました。ところが、そのときは美容師が雑なカットを施設でやっただけで、「これは美容師の本来の仕事ではないな」とがっかりしたと言います。

高齢者はそんな雑なカットでも我慢を強いられているという現状を知りました。そして、実際の店舗に足を運ぶことができなくなった高齢者の方に対して、何かお手伝いをしたいと言うのです。


私は自分の髪の毛が洗えないことがとても嫌いな性格です。入院しているときも、自分の好きなときに髪の毛が洗えないことがいやで仕方ありませんでした。

そうしたことから話がまとまり、訪問理容師、訪問美容師を増やそうということで日本訪問理美容推進協会を立ち上げたのです。そして、「ヘアメイクセラピスト」というライセンスを作り、講座事業をスタートしました。

この法人も田村明彦くんが代表になり、私は理事になっています。これもおかげさまで全国展開ができ、「ヘアメイクセラピスト」というライセンスを取得し、訪問理美容に進出する美容師・理容師さんが全国に増えてきています。

起業という「働き方改革」があることを知ってほしい

美容師や美容師の資格を持っている人は多くいます。そうした人たちはサロンやお店でカットをする技術はあるのですが、高齢者や寝たきりの人を相手にするときは介護の知識がないと、うまくカットができません。

車椅子や寝たきりなど介護が必要な人を髪の毛を洗ったりカットすることは、経験がないと上手にできないのです。そこで、寝たきりの人の髪の毛をカットしたり洗うための講習をおこなって、介護の知識を身につけてもらいます。

医療従事者に監修してもらってテキストブックを作成し、講座を開いてヘアメイクセラピストのライセンスを協会が発行しています。このライセンスを持っていれば、受け入れる施設側にも安心してもらうことができます。

協会の理事には、訪問理美容のマッチングシステム開発で起業をした人もいます。株式会社ＧＹＰＳＯの垣内蘭さんです。ＩＴを活用した、お客さんと訪問理美容師のマッチングサイト「ココ de カット」を立ち上げました。

この会社はＪＶＰＡからのスピンアウトした事業で、ＪＶＰＡの理事メンバーみんなで出資して応援させてもらっています。「ココ de カット」は美容師が無料で登録できる仕組みで、全国73万人の理美容師の13％の10万人の登録を目指します。


思えば私は、仲の良いメンバーとも一緒に仕事をするケースが多くあります。

社会復帰して訪問看護ステーションリカバリー開設の直後に、長年の友人であるお笑い芸人Ｘ－ＧＵＮのさがね正裕さんと、西新宿に串揚げ居酒屋「嵯峨根家」を一緒にオープンさせています。

さがねさんとの出会いは、私が都内に出てすぐの頃に知人がグアムにＦＭ局を立ち上げたときの食事会でたまたま隣に座り、年も近かったこともあり意気投合し仲良くなりました。当時はいつも一緒にいて、私が都内に出てからの一番の親友となりました。

さがねさんはお笑い芸人で、業界もまったく違うこともあり、いささかビジネスに疲れていた私には彼と過ごす時間が心地よかったのです。いつかなにか一緒に仕事できたらいいねと話していました。そして私の社会復帰後、たまたま飲食の仕事の話がトントン拍子にまとまり、一緒に法人も設立し「嵯峨根家」をオープンする運びになりました。残念ながらコロナの影響もあり、２０２０年に6年間という節目に閉店しました。

私は沖縄が大好きです。28歳のとき、ＪＣ活動で知り合った那覇ＪＣの先輩に誘われ、初めて沖縄に訪れてから数えきれないほど、足を運んでいます。そして沖縄のためを思い、訪問看護ステーションリカバリーも沖縄に進出させました。

当時の沖縄では、訪問看護自体が皆無に近い状態でした。そして、立ち上げのときには自分自身が沖縄に数か月滞在して仕事をしていました。ちょうどその頃、沖縄の友人である元ＤＡ ＰＵＭＰの玉城幸也くんとも沖縄でよく交流していました。幸也くんとの出会いは、元ＤＡ ＰＵＭＰメンバーの宮良忍くん（現在、沖縄の小浜島で民宿みやら経営）からの紹介で、もう10年以上のつき合いになります。

そして、私がリカバリーの取締役を退任後、沖縄のためになることがしたいねということで、2019年に幸也くんとディスパッチ沖縄株式会社を設立しました。沖縄を発信（ディスパッチ）することを中心に、第2の人生プロジェクトをスタートさせました。

まず国際通り沿いに「フェスタオキナワ」というインバウンド向けのお祭りエンターテイメント施設をオープンさせたのですが、これもコロナの影響で苦戦しています。しかしめげることなく、沖縄の魅力を発信させるべく食品や飲食店の展開などをいろいろ企画している最中です。

このようにビジネスチャンス、起業のアイデアはどんな分野でも考えられます。しかし、専門のスキルを持っていると、逆に何が可能なのか見えなくなってしまうこともあるのです。美容師とは、資格を取ったら美容院で、重労働で働くことが当たり前。それしか働き方はないと思い込んでいます。

いまの日本には、自分の仕事に疲弊している人が多くいます。

そこで**「起業という働き方改革」を広めていき、そうした働き方があることを1人でも多くの人に知ってもらいたいのです。**

多くの人に楽しく働いてほしいと思います。医療業界の人たちもそうですし、理美容業界の人にもです。

もちろん他の業界でもどのようなサービスでも、同じことが言えます。現に私は、資格が関係ない事業の起業にも多く携わっているからです。

自分がリハビリ生活から社会復帰したときは、利用者目線もありましたが、働く人たちをなんとか助けてあげたいという思いから再スタートしました。

利用者目線と恩返し、この両輪をうまくまわすことで、起業支援を続けていきたいと考えています。

◆◆◆ 高取宗茂さんとの出会い

リヤカーで全国をまわって本を売り歩いたことで有名な田中克成くんの紹介で、退院したばかりの頃、リハビリ中の2012年に高取宗茂さんと知り合いました。その後、高取さんとは時々、2人で食事にいくような仲になったのです。

私がリハビリから社会復帰して、訪問看護ステーションリカバリーの立ち上げで奮起している頃、高取さんから自分の飲食事業を手伝ってほしいと言われ、外部から飲食物件やメーカーを紹介するなど、ほんの少しの手伝いをさせていただいていました。

2016年、リカバリーの設立から3年経って役員を降りようかなと思っていたときに、高取さんから再度、話がありました。

「来年、不二楼という自分の集大成となる店舗を作りたい。ほかにもグローバルな仕事で勝負したい」と言います。

不二楼の構想やグローバル展開を聞いて「すごいな」と思いました。そのコンセプトは

「僑居和食」。そして**「美味しいものがあるところに争いは起きない」という信念をもとに、『日本の食文化と世界の共生』を目指しています。**これは高取さんの願いでもあります。

また、彼が経営している「新潟ラーメン　なおじ」と「ヒノマル食堂」をフランチャイズ展開したいという話も聞きました。

◆◆◆和僑ホールディングスの旗艦店「不二楼」のオープン

高取さんは九州の五大財閥の家に生まれ、日本料理界のサラブレッドとして育てられる少年期を過ごしたというユニークな経歴を持っています。

曽祖父が三菱財閥の創業者・岩崎弥太郎と一緒に炭鉱事業を立ち上げて財を成した人で、佐賀県にある旧高取邸は国の重要文化財に指定されて観光名所になっているほどです。明治になると祖父の代に時代と共に炭鉱事業は終わるのですが、祖父の作ったのが九州で一番の料理学校です。その料理学校も父親の代に終わるのですが、高取さんは料理人に囲まれて育った、根っからの料理人です。

私は焼き鳥が好きで高級焼き鳥店にもよく行きますが、高取さんがやっているヒノマル食堂にも行ってみました。

すると、大衆居酒屋なのに高級店に負けないやきとりを提供していたのです。ほかの料理もなかなかのレベルで、料金から考えるとたいしたものだと感心しました。

彼が九州や新潟に作った店も見に行き、彼の料理の才能を確認することができました。

そこで、本格的に協力することで話がまとまりました。

その後、彼と一緒に事業を根本的に見直して勝つために組織再編をおこないました。その流れで私が代表になり、「和僑《わきょう》ホールディングス」という新会社の設立にいたりました。常に二人で激しく意見を戦わせながら、グループを成長させることに取り組んでいます。

おかげさまで不二楼は、２０１７年７月に日本橋茅場町に旗艦店として「日本橋 不二楼」がオープン。マスコミ等にも取り上げてもらうことができました。

１階は焼き鳥が中心、２階が佐賀牛をテーマにした鉄板料理で、３階が会員制寿司屋で、４階が茅場町を代表する隠れ家バーです。不二楼は飲食ブランドとしては、まだまだ完成まではいきませんが、成功の手応えはつかみつつあります。

おかげさまで、株式会社和僑ホールディングスも現東京商工会議所女性会で会長も務める市瀬優子さんに株主兼取締役にもなっていただき、財務基盤も固め、子会社・関連会社含む数社のグループ会社を運営させていただいています。

特に市瀬さんは高取さんと私の母親のような存在です。50歳を過ぎて、いつも叱ってくれる存在がとてもありがたく思いながら、仕事をさせていただいています。

◆◆◆飲食業が新型コロナを乗り越える方法

脳幹出血で倒れる前、私は自力で立ち上げた「からあげチャンピオン」を半年で8店舗まで増やすことができました。もっとも、唐揚げを作るのは私ではなく（作れませんが）、料理の経験がある人です。私が作ったのはフランチャイズ展開の仕組みです。

そのときのビジネス展開が、飲食業界の人からは飲食のプロだと思われたようで、その後も飲食関係のビジネス話が持ち込まれることもありました。

高取さんと協力して和僑ホールディングスを設立し、飲食ビジネスに本格的に携わると決めたことの背景には、そうした「からあげチャンピオン」での経験もあります。

ただ「からあげチャンピオン」では、脳幹出血という突然のアクシデントにより志半ばで挫折を強いられました。

私の最初の起業はハウスクリーニング、いわゆる建設業でした。つまり、衣食住の「住」です。知人に協力する形でアパレルも始めました。これは「衣」です。残るのは「食」です。そこで和僑ホールディングスでは、腹を決め、人生最後の代表取締役として「食」に取り組んでいます。

新型コロナの感染拡大で飲食業界は大変厳しい状況に陥っています。飲食店のあり方自体も変わってきました。

これまでの飲食ビジネスには、人が集まる場所で始めればお客さんが入るため、安易に経営していた部分もあると感じます。「ここだったら何を出しても当たる」という場所があるからです。つまり、マーケティングをあまり必要としなかったのです。たとえば新橋であれば、居酒屋を出せばかなりの確率で儲かる場所もありました。

お客さんを見るのでなくて、「人がいるか・いないか」だけ。コンビニと同じで、立地に頼りすぎたマーケティングになっていたのです。

しかし、コロナの影響で飲食に関するマーケティングは変わりました。お客さんのニーズを中心に考える方向に変わってきたのです。

たとえば、店側が営業時間を決めて「この時間に食べなさい」となっています。本来は、お客さんが食べたいときに食べるものではないでしょうか。朝昼晩という3食であっても、夜の仕事の人と普通の会社勤めでは、食事をとる時間がまるで違います。

飲食店で働いている人の多くは、朝は食べていません。朝は寝ています。昼過ぎにやっと起きて、午後3時や4時に朝ごはんを食べることも普通です。1日2食で、店が終わった夜中の0時ぐらいから夜ごはんを食べたりします。飲食業では、こんな食生活が当たり前です。

それなのに会社員に合わせて、ランチタイム、ディナータイムの営業時間になっています。これでは午後3時に食べたい人は、食べられる場所がかぎられてしまいます。

食は必ず必要なものなので、経営戦略しだいで伸ばすことは、まだ十分に可能だと思います。

◆◆◆緊急事態宣言の前日に「新潟ラーメン　なおじ」をオープン

私はいま、「新潟ラーメン　なおじ」というラーメン屋のフランチャイズ展開に力を注いでいます。西新宿店は2020年4月のオープンが決まっていました。新型コロナの感染が広がっていくなかでも心を折らず、予定どおりにオープンにしました。緊急事態宣言発令の前日です。

西新宿の後は、東陽町と上井草も開店しました。なおじには直営とフランチャイズがあります。飲食で起業したい人がいれば、私はビジネスモデルに自信がある「なおじ」のフランチャイズでの起業もあるよとアドバイスしています。

ただ、「なおじ」の立地に関しては、オフィス街を外して住宅街に方向転換しようと思っています。地域密着型です。飲食店に関するマーケティングは激変しました。ターゲットも変える必要があるでしょう。

店舗にしても、改装に1000万円などという大金をかけるのではなく、居抜きで十分です。地元の人に愛される店作りを心がけています。

飲食ビジネスでの私の夢の一つは「新潟ラーメン なおじ」の全国チェーン展開です。

「ヒノマル食堂」という居酒屋も、テストケースとしてランチタイムの後の休憩なしで営業しています。コロナの影響で売上は下がっていますが、昼から夜までずっと開けて、夜も定食を食べられるようにしました。昼飲みも歓迎しています。

試行錯誤というか、チャレンジの最中です。時代の変化に合わせた形にしていけば道は開けると信じています。

和僑グループではベトナムのホーチミンに「ＦＵＪＩＲＯ」という和食店を2店舗出店済みで、グローバル化の足がかりはできています。コロナ禍が収まれば海外展開できるように体制を整えつつあります。

3年間、飲食ビジネスに携わったことで、飲食店がますます面白くなってきました。特にコロナ禍に直面したことでいろいろと考えさせられ、**飲食店を応援したい気持ちと、さらに飲食店が大好きになったのです。**

もしかしたら、私は楽な生き方を選ばないのかもしれません。あえて大変なほうに進んでいくのかもしれません。

コロナ禍に直面して飲食店が大好きになったのです。それまでは、ある程度ビジネスとして割り切ってやっていた部分もありましたが、いまは大好きです。もっともコロナの影響で資金調達では死ぬほど大変な目に遭っていますが。

◆◆◆新型コロナの影響でアパレルビジネスがストップ

私は複数の業界に携わっていたことで、幸いなことにコロナ対策に早くから手をつけることができました。アパレルをやっている関係で、初動の対応が早かったのです。

私の携わっているアパレル業は仕入先が海外です。中国の武漢でコロナ感染が発生したため、２０２０年２月、海外からの輸入の規制がはじまりビジネスがすべてストップ。その前、１月末から海外から物が入らなくなっていました。

最初にアパレル業界がコロナの影響を受けたのです。当時、飲食業はまだほとんど影響がありませんでした。

海外からの商品が届かないので、オンラインショップで売れても日本に商品はありません。注文はどんどんたまっていくのに物がないのです。商品を送れないのに、売上はどんどんふくれあがります。当然、キャンセルも増えていきます。

そうして資金繰りがどんどん悪化していったのです。早くも2月には、そんな危機的状態に襲われました。その頃はまだコロナ融資がなかったのですが、すぐに銀行と公庫で資金調達に動きました。

2月と3月は、そうした動きに忙殺されました。飲食店にコロナの影響が出始めたは3月の終わり頃ですが、3月に入った頃には、私は飲食ビジネスに関する資金調達にも動き出していました。そのおかげで、4月末から5月の初め頃にはコロナを乗り切るための融資を終えることができました。

5月中に融資のメドが立ったので、それ以降は最低限のマナーを守りつつも、コロナのことを気にするのはやめようと思いました。飲食店の経営者がコロナのことを気にして萎縮していたら、お客さんが絶対に戻らないと思ったからです。

そこで、緊急事態宣言明けの昨年6月頃から毎日のように外食で食べ歩きを続けました。おかげさまでRettyという口コミサイトでは、事務局からの依頼で、「年間500食外食の新宿のグルメ王」というキャッチフレーズで新宿のトップユーザーにもなりました。もともとＪＣなどの活動をしている頃から外食中心の生活でしたので、客のプロにはなっていたようです。

◆◆◆起業にはさまざまなスタイルがある

いまは働くことに関して、大きな変化の時代を迎えています。しかも新型コロナの感染拡大で、変化のスピードが加速しています。

そうした状況のなかで、フリーランスとして自分の力で自分の仕事を作っていきたいという人、これから何かを始めたい人たちを少しでもお手伝いをしたいと思います。

私はＩＰＯ（新規株式公開）を目指す事業の手伝いもしていますが、ＩＰＯを目指すことがすべてではありません。逆に、ＩＰＯを目指すと自分のやりたいことができなくなってしまうという面もあります。

スモールビジネスで、自分が本当にやりたいことで起業する、あるいはフリーランスになるという選択肢もあります。

収入に関しても、月50万円は稼ぎたいという人もいれば、30万円でもいい、あるいは副業で月10万円がほしいという人もいます。もちろん、月収100万円、年収1000万円を目指すのもいいでしょう。

副業OKの会社も増えていますから、会社員をやりながらの起業も可能です。

起業にはさまざまなスタイルがあります。起業とは会社を作ることではありません。いまは働き方が大きく変わりつつあります。私は、「起業という働き方」があってもいいと思っています。

「ブライトライフ」というNPO法人で、私はリハビリの先生たちに対してオンラインのアントレプレナーセラピスト養成講座を開催しています。3年間で法人がすでに5社以上立ち上がっていますし、フリーランスになった人もいます。

このブライトライフは、地域包括ケアシステムの構築や医療・介護従事者への教育が活動目的です。こうした活動でも、リハビリでお世話になった業界への恩返しが少しはできているかなと思います。

リハビリの先生たちは病院に勤めていても給料が低いという現実があります。そうした労働環境をなんとかしたいという思いもあります。そのため、医療・看護・福祉業界の支援に力を注いでいます。これらの業界で働く人に夢を与えたいのです。

働いてお金をもらうのは当然ですが、**働き方をちょっと変えるだけで夢を持つことができます。**特に医療関係には起業のチャンスがいろいろあると思います。第三者から見ると、まだまだブルーオーシャンが広がっているのです。

専門職のスキルと知識があれば、新しい医療サービスの提供は可能なはずです。彼らにはスキルはあるのにアイデアがないだけです。

実際、何の資格も持たない私が訪問看護ステーションをやろうと決めたことで、3年で100人の国家資格者を抱えるビジネスを立ち上げることができました。

医療の分野にかぎらず、もともとスキルを持っている人たちが起業家マインドや経営者マインドを持つことができれば、すごいことが起こります。自分に何ができるか、わからないだけなのです。

何かやりたいのに、何ができるのかがわからない。自分のスキルの延長ではなく、夢のようなことを考えているだけでは起業は成功しません。

私は掃除が好きでハウスクリーニング屋を始めたわけではありません。掃除は手段でした。30年経って、いまようやく自分がやりたいことができるようになっているのかもしれません。

私は、もう毎朝会社に行って夕方まで働くというスタイルで仕事をしたいとは思いません。会社を作ると社員教育なども必要ですが、そうしたことはさんざんおこなってきたので、もういいかなと思っています。

起業支援に関しては「起業大学」を事業として立ち上げ、起業支援事業を本格的にスタートしようと思っています。次章では、それについて紹介します。

4章

起業を目指す人に知っておいてほしいこと

◆◆◆ 起業大学をスタートする理由

まず一番の理由は、**「起業という働き方」があるということを伝えたいのです。**

現在、私のところには起業をしたいという人が集まっています。起業の相談に来たり、あるいは仲間うちから私のことを聞いて一緒に仕事をしたいという人も来ます。

私はリハビリ生活から復帰した後、仲の良い人とのビジネスで再スタートし、この10年はあまり人前に出ないようにしていました。それでもいくつかの起業のお手伝いができています。

しかし、起業したいという人から話を聞くと、「投資家と出会うことができない」と言います。「起業したくてもお金がない。でも、どこに行ったらいいのかわからない」とも言います。最初からベンチャーキャピタル（VC）に相談に行っても相手にされないでしょう。

また、投資家仲間と話をすると、起業の初期段階（アーリーステージ）から応援したいのに、なかなかその段階での投資ができないと言います。アーリーステージでの投資なら大きな金額ではなく、たとえば100万円程度の投資も可能です。そういう形で投資をおこない、起業支援をしたいという人が意外と多くいるのです。

投資家にはVCが注目するくらいのタイミングで、やっと話がまわってきたりしますが、アーリーステージの人たちと出会う機会がほとんどありません。起業のセカンドステージ、第三者増資をする頃に、ようやく人を経由して話がきたりします。

しかし、創業時なら少額な投資も可能で、経営も一緒にできて、マネージメントに関わることもできます。

そうしたWin‐Winの関係を作りたい人が多くいます。ところが、いざまわってくるのはお金だけの関係で、株主として入っても経営にタッチすることは難しいという現状があるのです。

私はゼロからの起業と創業を繰り返しているので、起業したいという人がまわりに大勢いたのですが、これは例外だということがわかってきました。

そこで、アーリーステージでの起業支援ができると夢が広がり、社会貢献にもつながると考えて、起業大学をスタートすることにしました。この起業大学では、起業するための勉強や経営サポートだけでなく出資も検討していきます。そして出資先には、起業後もアーリーステージである3年間はともに併走していきます。

これからは、私が得意とするアーリーステージの段階にいるスモールビジネスへの起業支援を積極的に展開していこうと考えています。

◆◆◆ 起業の際に失敗しがちなこととは？

起業大学では、実践に即した具体的なアドバイスもおこないます。

たとえば、法人を作る際に行政書士や司法書士に任せなければいけないと勘違いしている人が多くいます。そんなことはありません。自分1人で安あがりに法人を作る方法もあるのです。

いまやホームページは起業に必須のツールですが、このホームページもそれほど費用をかけずに作ることもできます。

こうした**無駄な経費を使わないですむ起業の手伝いもしていきます。**実際、起業時に無駄遣いをしてしまう人は多いのです。人に言われるまま、お金を支払ってしまいます。

たとえば、会社の登記に関しても、ネットで「会社設立ひとりでできるもん」みたいなシステムを活用すると、自分で最短で安く法人登記をすることも可能です。

ホームページもどうしたらいいのかわからず、知り合いに頼んだりするのですが、いざ頼んでみると予想外に高額だったりします。人に頼まず、テンプレートを使って自分で作れるサービスもあります。

起業の際に大変なのが銀行口座の開設です。何も知らない人は、いきなりメガバンクに行ったりしますが、まず相手にしてくれません。

そうしたことも知らず、会社を作ったはいいけれど銀行口座を開くことができなくて困っている会社も多いのです。事務所が見つからないという話もあります。

固定電話は絶対必要なのに、携帯電話でいいのではと考えてしまいます。そこで、何から、どうやって始めればいいのかというところから手伝っていきます。

本当は、自分のビジネスの規模に合わせて必要なものをそろえるべきなのですが、自分では判断できないのです。**自分のまわりにあるリソースを使って起業する**方法もマニュアル化していこうと思っています。

私は、最初の3年が起業のアーリーステージだと考えています。起業する人が、どの時期に、どれくらいの規模の会社にするかを決めていることも大切です。どのレベルの会社にしたいのか、これは社長が決めるべきことです。それによって、最初の3年間におこなうことも変わってきます。

いま、ネットフリックスで起業をテーマにした韓国ドラマ「スタートアップ」が放映されています。それを見ていると、このあたりの事情がよくわかります。ＩＴの起業家を支援するサンドボックスという施設を投資家たちが作り、そこに投資をしながら起業家を育てるという物語です。

選りすぐりの起業家たちに事務所を無料で貸したり、半年ごとに収益を上げて会社を育てることを投資家が一緒におこなっていきます。こうした仕組みが日本にもあると素晴らしいなと思います。

日本は破産法がしっかりしているので、失敗しても痛手はまだそれほど大きくないのかもしれません。しかし、私の知り合いもそうですが、失敗して復活してくる人は少ないのが現実です。やはり精神的なダメージは大きいのです。私自身も事業の失敗や、病気によって10年間、引きこもりのようなビジネス生活を送りました。

私は本書の執筆・出版を機に、２０２１年からはビジネス活動に力を入れて、さらに本当の復活をしようと思っています。

◆◆◆「アントレプレナーセラピスト養成講座」で得た経験

この起業大学の構想は、３章で紹介した医療従事者の人材育成事業を展開するために「ブライトライフ」というＮＰＯ法人を２０１５年に設立し、運営している経験がベースになっています。

訪問看護事業を立ち上げて医療の業界に参入した頃、実際に看護師さんやリハビリの先生たちとコミュニケーションをとり、「あなたがたはどういうことがやりたいですか？」というヒアリングをおこないました。医療の分野の仕事に携わるのは初めてだったので、現場の生の声を聞きたいと思ったからです。

　すると、予想とはまるで違う答えが返ってきました。

　みんな、やりたいことがあり、資格もあって知識もあります。それなのに、病院でしか働けないとか健康保険の中でしかサービスをおこなえないと思い込んでいるのです。つまり、医療のサービスを自分で生み出す力、生み出そうという発想がなかったのです。

　リハビリの資格者には、理学療法士（ＰＴ）、作業療法士（ＯＴ）言語聴覚士（ＳＴ）がいます。たとえば理学療法士には、腰のスペシャリストや肘のスペシャリスト、あるいは足裏にこだわる人など、それぞれ自分の得意分野を持ち、筋肉オタクのような人たちもいます。彼らにはやりたいことがいろいろあるのです。

　しかし、彼らは健康保険外のサービスはできないと思い込んでいます。

　私は、彼らが病院から飛び出し、在宅医療の分野で活躍できるのではと考えました。ちょうどその頃、在宅医療を浸透させるにあたっては、地域包括ケアシステムがポイントになるとわかってきました。

地域包括ケアシステムとは、高齢者が要介護状態となっても住み慣れた地域で自分らしい暮らしを続けることができるよう、住まい・医療・介護・予防・生活支援が一体的に提供されるシステムのことで、厚生労働省がその実現を推進しています。

私は地域包括ケアシステムの確立を目的に、NPO法人ブライトライフを作りました。

最初は何をしたらいいのかわからないので、医療・看護・福祉業界の人たちを集め、みんなの意見を聞く勉強会をおこなっていたのです。

それを1年間続けたところ、医療職の人たちが地域包括ケアシステムについて知らないことがわかりました。そこで地域包括ケアシステムについて、みんなで勉強しました。

その結果、課題となるテーマが3つ浮かび上がりました。

まずは「お金」、次が「IT」、そして「教育」です。この3つの答えが出ました。

私たちは、NPO法人なのでITの専門家ではありませんし、金融機関でもありません。

自分たちができるのは「教育」ということで、テーマを教育に絞ることにしました。

そして、のちに副理事長に就任する志垣健一朗さんが理学療法士だったので、リハビリの先生に対して教育事業をおこなうことにしました。

志垣さんは、10年前からフリーランスとして活動する理学療法士で、彼の活動をリハビリ業界に公表することで、全国のリハビリの先生たちの刺激になるのではと思い、彼を説得して養成講座を始めることになりました。

私自身、以前に起業塾をおこなっていたので、教育に関するノウハウがありました。それを医療従事者用にアレンジして6つのプログラムを作り、「アントレプレナーセラピスト養成講座」をスタートしました。

毎月一講座、2時間、オンラインでメンバーにおこなっています。始めて3年目になります。ここで起業家マインドを勉強したことで、受講者から10人以上が働き方改革を実行していますし、法人も5社以上できています。

私たちは、リハビリ業界の働き方改革に一石を投じられたと確信しています。

◆◆◆人に使われるのではなく、自分が主体になって働く！

「アントレプレナーセラピスト養成講座」のテーマは、実は起業ではありません。どちらかというと、「働き方改革」という切り口でおこなっています。

受講者は医療業界に携わっている人が多いのですが、彼らは月曜から金曜日は病院で働き、土日が休みです。土日は副業が可であったりします。そこで、たとえば看護師さんは土日は訪問看護ステーションでアルバイトをしたりしています。リハビリの先生たちも同様です。

その土日をバイトで過ごすのではなく、週末起業を考えてもいいのではという発想を持つこと、そして働き方改革を促すためにスタートしました。週末起業的な発想を持つのもありなのです。

看護師やセラピストという国家資格を持っていても、ほとんどの人が「プレイヤー」として働いているだけです。しかし、自分のスキルや知識を売ることもできるはずです。たとえば、講演をすれば当然、お金をもらうことができます。ところが、そうした働き方があることを知らないのです。セミナーの講師をすればお金が入るということを知りませんし、その方法も知りませんし、その方法も知りません。また、どうすればセミナーの講師になれるのか、その方法を知ろうという発想を持たないのです。

そこで働き方改革を切り口に、いまのままでは不安だという人たちを対象に、オンラインのセミナーを開催しています。興味がある人には個別面談をして、講座が必要だと感じた方にだけ、一緒に勉強することをご案内しています。

起業とは、会社を作って社長になることではありません。人に使われるのではなく、自分が主体になって働くことだと、考え方を変えほしいと思います。

会社員として働いている人でも、週末起業という形で空いた時間で何かをおこなうのは全然ありです。というよりも、積極的にそうすべきだと思います。

現在会社に勤めている人も、その会社がずっと存続するとはかぎりません。ある日突然、倒産することもあります。そうなると、一瞬にして安定収入を失います。一つの会社に頼っているのは、とても大きなリスクを背負っていることなのです。

いざというときのためにも、**もう一つの収入源の確保をおこなうべきです。**

収入源をいくつか作ることで、精神的にも安心することができます。働く場所をいくつか作っておくのもいいでしょうし、会社に勤めながら休日はほかのところで働くのもいいでしょう。

働き方には、投資という方法も考えられます。投資も広い意味で起業と言えます。投資で損失が出ても、確定申告で少しは取り戻すことができます。

そうした知識を実体験で身につけていくことは、将来必ず役に立つはずです。これらも会社員として働きながら可能な、プラスアルファの働き方だと思います。

そして本業の収入よりも副業での収入が多くなれば、そのときには勤めをやめて副業を本業にする方法もあります。

養成講座で繰り返し話しているのは、自分がやるべきこと、つまり目標を明確化するということです。

やりたいことは、人それぞれに違います。会社を作るまでの流れは同じですが、それから先は、人それぞれです。そして、目標は違っていても、私はやるべきことを習慣化することが大事だと思っています。

◆◆◆ コンサルティング系での起業はお勧めできない

起業は誰にでもできます。

起業というのは、法人成りでも、フリーランスや個人事業主でやるのでも、自分が決めればできます。自分が「やる！」と決めればいいのです。

会社の登記をしなくても、「よし、今日やるぞ！」と決めた人が起業の日になります。法的には開業届を出した日かもしれませんが、「やるぞ」と決めて、実際に何かを始めて、ギャラをもらった瞬間に起業は始まっています。

起業とは、覚悟の問題なのです。

自分がやりたいことやサービスが決まっている人は、簡単に起業できるはずです。たとえばエンジニアであれば、エンジニアの下請を始めた日がフリーランスのスタートの日になるでしょう。それは意識だけの問題です。

ただし、その**事業を継続することは簡単ではありません。**

好きなことで起業した人を長年見てきて、うまくいかないケースは、何が仕事なのかわからなくなってしまうことに、その理由があります。

たとえば、いろいろな人と出会うだけで仕事をしていると勘違いしたり、名刺交換をしただけで仕事をしたつもりになっています。「すごい人と知り合った」「いろいろな勉強会に行った」、これらが仕事になってしまうのです。

本来、これらは営業活動の一部にすぎません。それなのに、いろいろな人に会って、いろいろな話を聞いて、すごい人と名刺交換して、誰々と出会った……。それだけで仕事をした気になってしまうのです。そして、気がついたら売上がまったくありません。

売上がないのでどうしようか……結局、何かの代理店をやってみたりするのです。とりあえず目の前にある、お金になりそうな話に乗ってしまいます。実際、そうしたお金になりそうに思える話はいろいろと転がっています。

一人社長の集まりみたいなものに入ると、そこからなかなか抜け出すことができなくなることもあります。「○○コンサルティング」のような肩書きでビジネスをしている人がよくいますが、ビジネスとして成り立っていない人も多いと思います。ＳＮＳ上では華やかで楽しそうですが。

これでは起業ごっこの延長線にすぎません。経営者、あるいは事業家ではないでしょう。

私は、コンサルティング系での起業はあまりお勧めしません。「実業」をするべきです。コンサルティング系はカッコよく見えたり、簡単に儲かりそうに見えたりします。何かを紹介しただけで10万円、20万円がもらえることもあり、そうしたブローカー的な仕事をしている人が多いのも現実です。

このようなビジネスでは、経営も生活も結局は安定しません。創業時は良いと思います。ただ、そうした人たちは、なるべく実業を構築することをお勧めします。

スモールビジネスでもいいので、毎月確実に売上を作れるビジネスモデルを構築するのが事業家、経営者です。実業がないと長く続きません。

◆◆◆ 起業で成功するための心がまえ

10年ぐらい前まで、看護学校では看護師になる学生に対して、訪問看護は看護師の経験が10年ぐらいは必要だと教えていました。そのため経験の短い看護師は、自分には訪問看護ができるわけがないと思い込んでいました。

しかし、そんなことはまったくありません。経験者からアドバイスを受ければなにも問題はないのです。

私が訪問看護事業を始めた7年前は、訪問看護に携わる若い看護師がいませんでした。業界の常識として、訪問看護は体力的に無理がきかなくなった年配の看護師がやるものという空気がありました。50代、60代の方が多いのが現実でした。

前述したように、私はリハビリ生活から社会復帰を図っているとき、知り合いから起業塾の講師を頼まれました。そこで出会った1人に、看護師として病院で働くことがいやになり、看護師じゃない生き方をしようと決めた男性看護師がいました。

その男性看護師と意気投合して、訪問看護ステーションリカバリーを作っていくのですが、彼は出会った頃、「もう看護師はやりたくない」と言っていましたが、「訪問看護なら面白いかな」ということで一緒に組むことができたのです。

私が訪問看護ステーションを始めるのに必要とされる3人の看護師を集めたとき、3人とも20代でした。まだ新前の看護師しか集めることができなかったので、それでスタートしました。

区役所や保健所、関係団体などに相談に行くと「あんたたちに何ができるの?」という感じでボロクソに言われました。訪問看護をしている人からは「新宿区の訪問看護のレベルを下げないで」と、きつい言葉を投げかけられました。

私が資格を持っていないことを指摘して、「あんたみたいなこの業界をことの知らない人が入ってきては困る」とも言われました。

そんな言葉を聞くたびに、若い看護師たちはビビっていました。

それでも、私は彼らに「気にするな」と言いました。私自身の体験から、利用者目線で誰でも訪問看護を受けられるようにしようと決めていたからです。そして、病院ではやらないこと、真反対のことをどんどんしていったのです。

たとえば、病院では「営業」をしません。患者が来るのを待っているだけ。すべて待ちです。

訪問看護ステーションを開設したときも、3人の看護師は開設したら依頼が来ると思っていたのです。それを見て私は「何をバカなこと言っているんだ」と驚きました。「営業しないと駄目だろう」という叱咤からスタートしました。

私は人材ビジネス時代の経験から、ファックスDMをバンバン送りました。営業まわりも全員に教えていきました。当初はテレアポまでさせたくらいです。これらは医療業界では非常識な行動です。

営業まわりは「訪問看護ステーションを開設しました」とケアマネ事務所を訪問して、ケアマネさんと仲良くなることを心がけました。

とにかく、利用者目線で何でもやりなさいと言い続けました。初めのうちは看護師さんがヘルパーみたいなこともおこないました。

社長が男性なので、次第に男性看護師が集まってきました。そのほうが利用される方にすると、力仕事も頼めると喜んでもらえました。逆に男性ばかりで、女性がいいという人にはいやがられることもありました。その後、女性の看護師も入ってきたので、バランスがとれるようになりました。

◆◆◆「自分磨き」をつねに怠らない

私は、医療業界の常識とは反対のことを、どんどんして行きました。

求人もそうです。病院などは広告会社に莫大な採用費を払って求人広告を出します。しかし、私たちにそんなお金はありません。

看護師さんに話を聞くと、友だちは看護師ばかりだと言います。そこで、友だちの看護師を集めることを考えました。イベントを開催して友だちを呼んでもらい、「楽しい会社だ」という社風を感じてもらうことにしたのです。

食事会などのレクリエーションを開催して、友だちを呼んでもらい、招待した人も友だちも無料です。求人会社にお金を払うのはもったいないので、採用費の形で社員の飲食代に使いました。月に2回くらい食事会を開いていました。

医療業界にはそんな採用活動しているところなどないので、楽しそうな会社だということで若い人が集まってきたのです。


驚いたのは、食事会に招待された人たちから自分の職場の不満ばかりが出ることです。入院中、担当の看護師さんが私に愚痴を言うのを聞いていました。普通のビジネスではお客さんに愚痴を言うなんてあり得ないことです。でも看護師さんの世界では、こんなことがまかり通っています。それぐらい看護師さんは、いろいろな意味で疲れているのです。

自分がリハビリ中に感じたのですが、リハビリの先生も、仕事にやり甲斐を感じているとは思えませんでした。それに給料の額を聞いてみると、驚くほど安かったのです。飲食店のバイト店長よりも安いのが現実でした。国家資格を持っているのに、どうしてそんなに安いんだろうと驚きました。

「病院しか働く場所がないんです。共働きでなんとか頑張っています。みんなそうですよ」と、彼らは言います。それを聞いて抱いた「手助けしたい」という思いが、訪問看護事業につながっていきました。

医療分野の人だけではなく、ほとんどの人が会社に勤めることが当たり前で、起業するにはどうしたらいいのか、何がサービスになるのか、何が売上になるのかが、わかっていないのです。それを考えるという発想がないのです。

起業では、自分がやりたいことを追求するのもいいのですが、**大事なのはキャッシュポイント、お金が入る仕組みを作ることです。**キャッシュポイントがないまま起業しても、たださまようだけです。虚業のビジネスで起業することだけはやめたほうがいいでしょう。

起業に成功した人が起業について書いた本はたくさんありますが、そうした人が書いた本を読んでも「その人だから成功できたのでは？」と思うことがよくあります。

私自身、リハビリから復帰した後は本物になること、一流の人間になること、自分磨きをテーマにしています。私が失敗したのは、自分が偽物だったからだと思っています。やはり本物の男、本物の人格を目指したいと思いました。

起業を目指す人には、そこを目指してほしいと思います。一流の思考、一流の経営者としての思考がないと、たとえ成功しても、すぐに終わってしまいます。やはり人間力をつけることが大切ですし、経営者は常に、勉強が絶対に必要だと思います。

ビジネスは何が当たるかわかりません。20代でバッとお金が儲かってしまうと、お金の価値がわからないまま人生を過ごすことになりかねません。若いうちに大金を手にした人が、40歳では無一文になっていることもあります。

私自身、本当の生き方を始めたのは再起動をした7年前からだと思っています。当時は45歳でした。つまり、起業は何歳からでもできるのです、

ただし、人間がしっかりできていないと、どこで足をすくわれるか、わかりません。お金は本当に怖いです。お金は魔物ですよ。

◆◆◆「赦《ゆる》す」ということ

私は多くの事業の失敗や、脳幹出血で倒れたりと、いろいろな挫折を経験しました。

そうした失敗に見舞われた一番大きな理由は、自分への驕《おご》りだと思っています。驕りは

失敗の引き金になります。いまでも自分に驕りがないか、つねに確認することを心がけています。

昔は何かあるとすぐに、すぐカッとなり怒って、「○○は絶対赦《ゆる》さない」と思っていましたが、病気の後はなるべく怒ることをやめて、人を赦すことを覚えました。人を赦すことを覚えたのは、人生の中でとても大きな収穫だったと思います。それまではなかなか赦せなかったのです。

仕事をしていると裏切られたりすることもよくありますが、それを相手のせいにしていると、いつまでたっても成長することはできません。「自分がいけなかったんだ」と反省して相手を赦すと、いつか自分に戻ってきます。

たとえば、こんなことがありました。当時、現役大学生であった小田原伸治くんの起業で経験したことです。

小田原くんは起業への想いも熱く、私も株主になり応援していました。飲食店の運営委託をしていた会社で、私が起業時に仕事を用意したため、最初から予想以上の売上がありました。

その成功を見て、少しタチの悪い人間が彼のまわりに近寄ってきて、私と組むことをやめるようにアドバイスしたのです。その言葉を信じてしまい、彼は私から離れていきました。

その後、彼はアドバイスをした人間に騙されたことがわかったようです。

3年後、不動産会社の仲介で彼と会うことになりました。彼は、私から離れてしまったことが申し訳なく、謝りたいと会いに来たのです。

当時、私は500万円ぐらいの損をしました。最初は「えっ！」と思いましたが、自分も悪かったのだとあきらめてそのままにしていました。

その後、彼は私に借金を返済し、いろんなことを整理して会社を一緒に再始動。いまではこの会社が「新潟ラーメン なおじ」を2店舗運営し、立派に黒字会社になっています。

さらに彼はこの経験を活かし、後輩起業家のため、失敗しない起業支援をしていきたいと新規事業を計画しています。いまでは私にとっても良きビジネスパートナーです。

私が「赦す」という行為を貫き通したことで、逆にプラスになって帰ってくるのを、本当に感じた体験のひとつです。

◆◆◆ 飲食業界には戦略を練って参入すべき

飲食店の経営に携わることで、飲食業界は参入しやすいということが理解できました。開業資金さえ用意できれば簡単に参入できるからです。

そして、なによりありがたいのは、オープンしたその日から日銭が入ること。売上があれば日銭が入ります。キャッシュポイントが明確です。

ただし、飲食店経営者によくあるのは日銭が入るため、それをすぐに使ってしまうことです。1日50万円を売り上げる店を持つと、毎日50万円のキャッシュが入ってきます。そのお金をどう使おうと、ある意味でオーナーの自由です。

ちゃんとした会社のように税理士を頼んでいればいいのですが、飲食店の場合は個人事業主からスタートすることも多く、そうした会社経営をアドバイスする人がまわりにおらず、会社の体《てい》をなしていないこともよくあります。

「新潟ラーメン　なおじ」は、加盟金が１００万円で研修費が50万円、１５０万円でノウハウ関係はスタートできます。ほかに必要なのは、不動産の取得費と工事費・改装費です。工事費は物件によってさまざまです。ラーメン店の居抜きであれば、看板だけですんだりします。その場合は100万円から200万円でも可能です。厨房設備のないスケルトンの物件だと、排水工事からおこなうため1000万円近くかかってしまいます。

重要なのは、ラーメン店として流行る立地を探すことです。そうした場所を見つけて、居抜きで借りるのがいいでしょう。家賃が安いところでも繁盛店は可能ですから。

飲食店をやりたい人に多いのが、スケルトンでも借りてしまうことです。自分の理想とする店作りをしたいため、スケルトンの物件を借りてしまうのです。そうすると高額な初期投資が必要ですが、それはリスクの高い投資だと思います。

コロナ禍以降はしっかりと戦略を練って飲食業に参入するべきだと思います。

ただ、飲食店が起業しやすいことは確かです。特にＦＣ（フランチャイズ）であればビジネスモデルが確立されているので参入は、より簡単です。もちろん、良いＦＣとあまりお勧めできないＦＣがあるのも現実です。

◆◆◆フランチャイズのメリット

私は、ＦＣは起業の中でも失敗しても負担が少ない方法だと考えています。

確かにＦＣにはうさん臭い会社もあります。しかし良いフランチャイズで、ビジネスモデルがしっかりしているところであれば、お勧めできます。それは飲食とはかぎりません。便利屋やハウスクリーニングのＦＣもあります。

当たり前ですが、良いＦＣもあれば悪いＦＣもあるということです。そのあたりの見極めは、自分で情報を集めたり、実際にＦＣ本部や加盟店の話を聞いて自分で判断するしかありません。

私もハウスクリーニング業時代にＦＣ展開をしていました。そのときに私が本部としておこなっていたのは、ハウスクリーニングで起業してもらうためのノウハウの提供と、清掃機器の販売です。

ただ起業しても、なかなか仕事が取れないのが現実で、そこがＦＣの最大のネックになります。当時、私たちの本部には仕事がたくさんあったので営業保証をつけていました。全国展開する飲食店の清掃の仕事を受けていたので、その仕事を加盟店に仕事保証することができ、ＦＣ展開もしやすかったのです。本部に仕事が多かったことで、そのようなことも可能でした。

いま手がけているラーメン屋のＦＣは、お勧めできる起業方法だと自信を持っています。コンビニはバイトの人手不足で、自分が24時間働いたりする必要がありますし、初期投資も多額になります。それに比べれば立地次第ですが、ラーメン屋はお勧めできます。

フランチャイズのメリットは、ビジネスモデルをゼロから作る必要がなく、初めからしっかり出来上がっていることです。また、失敗してもその損失はゼロから自分で始めるよりも小さくなります。万が一失敗しても勉強代だと考えて、また次に向かうぐらいの根性があれば、ＦＣも検討に値すると思います。

いまは資本金がなければ何も始められないという時代ではありません。会社を作るにあたっては資本金は少額でいいと思います。私も、自分でルールを決めており、失ってもいいというレベルの金額しか出資しません。

スモールビジネスのアーリーステージの会社であれば、大きな資本は必要ありません。なぜなら、その段階の会社は実際にあまりお金が必要ないからです。たとえば飲食店などは、初期に必要な金額はそこそこかかりますが、借り入れで検討していきます。

また、代表者にもリスクがないと頑張らないので、少額しか出資しないのです。それに、代表者より多く出すこともしません。代表者が100万円であれば、私も100万円出すという感じです。50%以上出すことは絶対にしません。

実際、最小限の自己資金でも起業は可能です。本人の自己資金が500万円あれば、資本金は300万円にして200万円は取っておく。足りない部分は借り入れをするというアドバイスをしています。

現在は、**起業に対する創業支援融資が、かなり受けやすくなっています。**私が起業した頃とは雲泥の差です。

公庫の創業支援はだいたい1000万円が上限です。ほかに信用金庫や銀行などの保証協会付きで1000万円。事業に将来性、計画性があれば、フルに頑張れば2000万円まで借りることも可能性です。

私が会社を始めた頃は、株式会社が資本金1000万円、有限会社が300万円必要でした。とてもハードルが高かったので、いまは本当に恵まれていると思います。

また、会社を1社しか持っていないと、その会社が潰れるとゼロになってしまいます。リスク分散のためにも、私は複数の会社を持つようになりました。そして、一業種に絞ることも怖いので、いろいろな業種を手がけています。

大きく分けると、現在は医療・介護・福祉、飲食、アパレル、起業支援の4つの分野でビジネスを展開しています。そのおかげでコロナの危機も乗り越えることができました。

もし飲食業しかやっていなければ、終わっていたかもしれません。アパレルや医療・看護・福祉関係をやっていたことで、「大変だなあ」と言いながらも、少しは笑っていることができているのも事実です。

PART 2

起業大学（起業家養成講座）

5章

経営者になるための「オリエンテーション」

◆◆◆ 起業へ向け、自分自身を磨く「学びの場」

ここからは、2021年4月にスタートする「起業大学」の内容やプログラムをお話ししたいと思います。

もともと、NPO法人ブライトライフでおこなっている「アントレプレナーセラピスト養成講座」のプログラムは、私が考案した起業へのメソッドでもありますが、医療従事者用にカスタマイズしたもので、こちらのプログラムでも十分に結果を出してきました。

受講者の多くは医療業界の方ですが、講座内容は専門知識の提供ではありません。**自分を磨き、自分の仕事に活かし、自分の人生にフィードバックさせていく「学びの場」**となっています。そして、この「アントレプレナーセラピスト養成講座」をさらにブラッシュアップした「起業大学」のプログラムを考案しています。

実際に共にプログラムをずっと横で見ていた志垣健一朗副理事長については、私と出会ってから彼だけでも3社以上の法人を立ち上げて、セラピストの枠にこだわらず活躍されています。彼に刺激を受けた全国のセラピストたちも多く、「志垣さんに会いたい」というセラピストが、全国から彼のもとに集まっています。

このように、プログラムの内容を自分自身で納得し、**学んでいけば、考え方や行動が必ず変わっていきます。**それを体感できるプログラムです。医療業界の方にかぎらず、起業を目指すすべての人のお役に立てる内容だと自信を持っています。

「起業大学」では、プログラム1から6の全6講座になっています。とてもシンプルです。ただし、1から6を順番に進めて終了ではなく、1から5を繰り返しおこなうことで自分の成長につながります（プログラム6は「まとめ」的な内容）。

プログラム内容は、私自身のビジネス経験とセミナーや本で学んだことなどがベースになっていますが、最初にその概要を説明します。

◆◆◆「起業大学」プログラムの概要

プログラム1で自分の夢や目標を立て、プログラム2で自分のことを知ってもらいます。

起業をしたいけれど、何をやりたいのか決まっていない人が多くいます。自分が長年やってきた職種の延長線上で起業するというのはわかりますが、最近は、ただ単に「起業したい」というだけの若い人も多くいます。もっとも私自身、掃除が好きで掃除屋（ハウスクリーニング）で起業したわけではありませんから、それでもいいのです。

ただし、**大事なのは最初に夢や目標を立てること。**そこで、まず自分の目標を立てるところから一緒におこないます。

具体的には、「やりたいこと、欲しいもの、なりたい自分」を書き出していきます。これは、世間的に有名な「夢リスト・やりたいことリスト」みたいなもので、自分の目標や自分のやりたいことなど欲するものを書き出します。私自身が20代のとき、実際にこれをおこなっていました。

紙に書き出していくと、3か月や半年すると達成していることが多かったりします。事実、受講者の中には1年後に夢や目標を半分くらい達成している人もいます。

仕事だけではなく、プライベートな目標もあります。たとえば「英会話をマスターする」でも、「ダイエットしたい」でもいいのです。そうした目標、やりたいことをリスト化していきます。そして、**これをつねに更新していくこと**が大事です。

現時点での自分を確認するのが、プログラム2です。自分の性格や状況などを、世間的に有名なエゴグラムのようなものを使って自分の立ち位置、自分の現状の性格を知ってもらいます。こちらはどれがよいとかはありませんが、自分の性格を把握するエゴグラムのような書籍や、インターネット上にあるサービスの使用で構わないと思います。

自分の性格を把握することで、なにか行動をする際に注意すべき点が見えてくるからです。

私もそうでしたが、経営者には激しいアップダウンがつきものです。それに対処する人間力を身につける必要があります。

たとえば、ものすごいお金を稼いでも、失うことが絶対にあるはずです。人間には上がり下がりがあるので、人間力が高まっていないと、お金を持ったときに自分を律することができません。自分をコントロールできないと、若いうちは1億円が入るとその1億円すべてを使ってしまい、結局はお金に振りまわされるだけの人生になります。

アメリカの歴代ヘビー級チャンピオンは自己破産している人が多いという例もあります。

とんでもないファイトマネーをもらうと人生は狂ってしまうのです。自分の力や性格を、冷静に知っておくことが大切なのです。

プログラム3は、「今日やること」です。いわゆる「To Doリスト」を毎日書いていきます。

ここでは、毎日やることを書き出して実行するだけではなく、これまでの行動にない自分の目標のために活動することも書き出します。**1%でいいのです。昨日の自分を超えることが大事なのです。**どんな些細なことでもいいので、やったことがないこと、新しいことを**意識的にやることも習慣化**していきます。

プログラム4では、行動に「優先順位」をつけます。そして、プログラム1で決めた自分の目標などを6分野に分けていきます。仕事が順調でも、仕事ばかりしていると家庭を壊すことがあります。「幸せとはなんぞや」ということを考えます。

ここには、私自身が病気で倒れた経験を踏まえて健康面も含めています。

入院中に半身不随の状態で病院のベッドの寝ているときは、「世の中お金じゃないな」

と真剣に思いました。アップル創業者、スティーブ・ジョブスの最後の言葉は「手術室に入るとき、その病人は、まだ読み終えてない本が1冊あったことに気づく。『健康な生活を送る本』」とも言われています。

やはり健康がいちばんです。普通の体に戻ってくれれば、それだけでいいと本心から思いました。「生きてるだけでまる儲け」という明石家さんまさんの言葉が身にしみました。

プログラム5は、「目標の設定・達成するための行動計画」です。目標に優先順位をつけた上で、具体化するための計画を立てていきます。たとえばダイエットであれば、いつまでに何キロやせるのか、その期日や数字を決めていきます。

そして、目標を達成するにあたり、障害になりそうなことを事前に予測し、その解決策も考えておきます。

プログラム6は、映像などのコンテンツなどを見てもらったり、特別セミナーを受けてもらったり、「覚悟」について学びます。自分が決めたことに対して、コミットメントするという覚悟です。

私は「自分は治る。普通の身体になる」と決めたことで、リハビリに成功することができたと信じています。「うまくいくんだ、大丈夫だ」という自己暗示を刷り込んでいました。

リハビリ中も退院してからも、**「社会復帰できれば人生は好転する」と決めていました。**

そうした覚悟について話をします。

以上が起業大学プログラムの概要です。簡単にまとめると「習慣化すること、継続は力なり」の刷り込みです。これを何度も繰り返して、自分の意識を変えることが重要だと理解してもらいます。

◆◆◆非常識を常識だと思う感覚を持つ

プログラムを始める前に、私は「常識で考えることをやめる」という話をします。

なぜなら、現在より収入を増やしていったり、ライフスタイルを変えていくには、自分の考え方や心構え、意識を変えなければ何も変わらないからです。

お金を例に出すとわかりやすいのですが、いままで自分が得たことのない収入、たとえば月収100万円を得るには、いまと同じことをしていては絶対に不可能です。

月に100万円を稼ぐ人の頭脳は、普通の会社員から見ると「頭がおかしいのでは？」と感じられるはずです。普通のこと、常識的なことを考えていても月収100万円や年収1000万円は実現できないのです。常識を破って、非常識なことを、しなければいけません。

そして、この非常識をおこなう勇気を持つためには、**非常識を常識だと思えるような感覚にならなければいけません。自分のこれまでの経験や価値観などを壊していく必要があります。**

厳しいビジネスの世界で生きている経営者と世間一般の人では、「常識の基準」が違っています。私自身、自分では常識だと思ってやっていることが、世間的には非常識だったりします。

たとえば、3章で紹介した訪問理美容マッチングシステム「ココdeカット」を運営する垣内蘭社長です。実は、垣内社長と私は一度しか会ったことがありませんでした。それでも私は法人を設立するための出資金を払い込みました。

オンラインでは、一度だけミーティングをしましたが、一度しか会ったことのない人に私は出資をしています。これって非常識じゃありませんか？　通常はあり得ないことだと思います。

私は垣内社長の自宅も知りませんし、家庭環境も詳しくは知りません。それでも、垣内社長のビジネスに対する意気込みや社会貢献について、深く賛同できたので出資しました。

私は世間の人の大半が言うような非常識な行動を、日々おこなっているのです。

もちろん、誰にでも出資するわけではありません。私が携わりたいと思っている事業内容であったり、興味のある人間性であったり、将来性のあるビジネスであることなど、いくつか条件はあります。

頭に入れてほしいのは、**非常識を常識のように捉える**ということです。

自分で事業をおこなうようになると、会社員として雇われているときとは、考え方がまるで変わります。自分の収入は自分で稼ぎ出さなければいけません。誰もお金をくれないのです。有給休暇もありません。

たとえば医療関係の人は、学校を出ると病院で働くのが当たり前だと思っています。しかし、そんな決まりはどこにもありません。

確かに病院は実務経験や実践を学ぶ場です。それでは実践を学んだ後も、ずっと病院で働く必要がありますか？　いえ、ありません。

自分のやりたいことがあるのなら、それをつき詰めていける仕事を選ぶという選択肢もあります。病院で働いていて十分なスキルが身についたと思えば、何でもできるのです。病院勤務にこだわる必要はありません。

看護師、理学療法士や作業療法士などの国家資格を取ったのであれば、必ずしも病院に勤める必要はないのです。国家資格を持っているのですから、その時点で知識は十分にあります。その知識を生かし、会社を作って仕事をするという選択も可能なのです。いろいろな仕事の方法があります。

理学療法士は病院で患者さんや利用者さんの体に触って、理学療法を用いてリハビリをおこなう。それだけが仕事ではありません。それなのに、ほとんどの人は、それが当たり前だと思っているのです。

私は医療従事者ではありません。医療の現場のことをまったく知りませんでした。しかし、ビジネスの方法、経営の仕方を知っているので訪問看護ステーションを経営できました。業界のことを知らないがゆえに、従来の訪問看護ステーションでは考えられないような組織作りやサービスの提供ができたのかもしれません。

私は、設立した訪問看護ステーションを急成長させようと思っていました。なぜなら、この業界には看護師が10名所属すると大手訪問看護ステーションと言われるほど、小さな会社しかなかったからです。大きな会社にして訪問看護ステーションの存在を1人でも多くの人に知ってほしかったのです。

そこで、会社法に則《のっと》る形で、きちんとビジネスを組んでいきました。私は、訪問看護ステーションをすでに運営している人のアドバイスを聞かないこと、病院ではしていないことをやると決めました。求人方法を含めて、従来の業界の真似をしていては成功できないと思ったからです。

私は訪問看護ステーションの業界でも、非常識のまま走っていました。

医療業界ではまだ紙で仕事をしないといけない、営業活動をしてはいけない、お金の話をしてはいけない……。こうしたことはすべて無視しました。さすがに、看護師さんの前で売上のことばかり言うのは、途中でやめるようにしましたが。

◆◆◆風船を針で刺すと、どうなりますか？

常識と非常識に関して、ちょっとした実験を紹介します。

ここに、空気を入れてふくらませたゴム風船があります。これに針を刺すと、どうなると思いますか？

ほとんどの人が「割れる」と答えるでしょう。これが常識的な答えです。

しかし、風船を針で刺しても割れない場合もあります。風船のてっぺんや結び目など、ゴムが厚くなっている（ゴムの色が濃い）ところを針で刺しても割れません（空気は少しずつ抜けていきます）。信じられない人は、実際に風船と針を用意して、試してみてください。

誰もが考える常識は「風船に針を刺すと割れる」です。しかし、「割れない場所があるのでは？」と考えてみるべきなのです。

誰もが「そんなのは無理だよ」ということがあります。**しかし99％は無理かもしれないけれど、1％の可能性はあるかもしれません。**

風船が割れると、誰もが想像しました。ところが、割れないという現実がありました。仕事でもなんでもそうですが、100％はないということです。10％かもしれません、1％かもしれませんが、抜け道を見つけられる可能性はあります。

常識とは違う可能性を、普段の生活の中や人生の中で見つけてほしいのです。

ただし、それを見つけるためには、創造力を鍛える必要があります。右脳を鍛えるということでもあります。ほとんどの人は左脳で物事を判断しています。すでに自分が持っている知識の中で答えを出そうとします。だから「風船が割れる」と答えてしまうのです。常識を疑うことを習慣にしている私は、「風船は割れないよ」と答えることができます。

新型コロナの感染がおさまらず、危機的な状況に陥っている経営者が多くいます。このような状況のときには、**考え抜いて、抜け道を見つけなければいけないのです。**

それが風船の実験です。針を刺しても大丈夫なところを探すのです。ただし、頭をつねにフル回転させていないと答えは見つかりません。

常識的なことを考えても、誰もが同じことをやります。飲食店であれば、テイクアウトやデリバリーは誰でもやっています。そのため、お客さんがデリバリーを頼もうと思ったら、店が多すぎて選ぶのが大変だと思います。

知り合いのとんかつ屋さんから「助けてください」と言われたら、最初のうちはお弁当を買ってくれます。しかし、毎日とんかつは食べられません。ほかのものも食べたくなります。

サービス業は新しいサービスをつねに考えていく必要があります。お客さんが予想しないようなことが新しいサービスになります。コロナの影響により、世界中でサービス業のあり方が変わってきているのです。

◆◆◆コロナ禍のピンチをチャンスに変える

実は「アントレプレナーセラピスト養成講座」は、たまたま2019年からオンラインでおこなおうと準備を進めていました。そのため今回のコロナ禍でも、オンラインでセミナーをすることに、何も問題はありませんでした。

いまではオンラインで仕事をすることが普通になりました。これも、普通じゃなかったことが普通になったのです。非常識が常識になりました。

実際に会わなければミーティングができないと思っていた人たちも、オンラインでできることがわかりました。以前は、仕事でウェブミーティングをさせてほしいと言うと「会わなければダメ」と言われました。年配者には特にそう言う人が多かったのです。

ＬＩＮＥやメッセンジャーの出現によって、人とのコミュニケーションも電話より活字でコミュニケーションをとることが普通になり、電話をかける回数は減りました。

今回のコロナ禍で、あっという間に当たり前になりました。常識が変わったのです。この先、どんなことが起こるのかわかりません。**変化に柔軟に対応していくことが必要です。**

もし流れが読めていれば、いろいろなことを仕掛けることも可能です。私たちは、セミナーの場ではオンラインが普通になってくるだろうと、なんとなく考えていたのです。

医療の世界でも、オンライン診療という考え方が以前からありました。ただし、それが当たり前になるとは誰も考えていませんでした。オンライン診療を馬鹿にしていた人たちもいました。オンライン診療があったら便利だけど、無理だろうなと思っていました。

私は脳幹出血で倒れて、いまでも血圧の降下剤を飲んでいます。3か月に一度、薬の処方のため病院に行かなければなりません。

病院の予約をして、1時間待って、5分の診察を受けて、薬を処方してもらいます。私からすれば、時間の無駄以外のなにものでもありません。薬をもらいたいだけなのに、どうして電話で処方してくれないのかな、薬の処方なんてオンラインでいくらでもできるんじゃないかなと思っていました。

それが今回のコロナ禍で、電話で薬を処方してくれるようになりました。半日を潰していたのが、電話と郵送でOKになったのです。

いままで普通だったことが普通でなくなるということを、今回のコロナ禍で世界中の人たちが体験しています。逆に言うと、いまはすごいチャンスだと思います。

残念なことですが、この後も多くの会社が潰れていくでしょう。極端に言えば、戦後の焼け野原と同じ状態になるかもしれません。

そんな時代だからこそ、非常識を常識にするトレーニングや発想法を身につけることができたら、ビジネスチャンスや人生の可能性は大きく広がっていくはずです。

ただし、しっかりと考える必要があります。それをしないと伸びることはできません。考え抜くことが、重要です。

私はコロナ禍で自粛を強いられたとき、ずっと考えていました。そして、いまは新しいことをやっていこうと決断し、チャレンジしています。

◆◆◆自分の人生のために「週一回30分」を継続する

2年間、リハビリに専念しているときは時間がたっぷりあったので、これからの自分の人生をどうしようかと考えた結果、訪問看護ステーションにたどり着きました。

常識的に考えたら、私が訪問看護ステーションの会社をやるなんてあり得ないことです。自分の得意な分野で事業を始めるのが常識です。当時親からは、

「もう会社をやるとかやめなさい。どこかでゆっくり働くことを考えたら？」

と言われました。親心としては、普通で正しい判断だと思います。それでも私は未経験

の分野にチャレンジしました。

訪問看護ステーションリカバリーがある程度成功したことで、訪問看護ステーションで会社経営ができるということを知った人もいます。その後、大きくなる会社も増えてきました。いまでは訪問看護という在宅医療の分野に、若い看護師や若いセラピストが増えてきました。

私がリカバリーを作ったときには「訪問看護は、おばちゃん看護師がやる仕事だ」と言われました。当時普通じゃなかったことが、いまでは普通になっています。訪問看護に20代の看護師さんが多くいます。

非常識を常識にするには、頭が柔軟でなければいけません。このプログラムでは知識や技術ではなく、自分の頭を使っておこなうトレーニングを繰り返します。

想像力を養うトレーニングです。そして、そのトレーニングをおこなうことを習慣にしなければいけません。**週に1回、自分の人生を見直す時間をつくってください。**

これはすでに起業している人も、まだ起業していない人も、みんなに必要です。自分を磨く時間をつくってください。

週に1回、たった30分で大丈夫です。それくらいの時間なら、そんなに難しくはないでしょう。ところが、これが実行できる人は本当に少ないのです。経営者の中でも、できている人は半分もいないでしょう。

書店に行くと自己啓発の本はたくさん並んでいますが、実は、自己啓発が必要な人ほどまるで読んでいないのです。そして「あなたはもう自己啓発は必要ないでしょう」という人が、自己啓発の本を読んでいるのです。「まだまだ勉強が足りない」と言うのです。

自己啓発をおこない、人間力を磨くことで、自分の知識やスキル発揮できる、いまとは違う道が見えてくるはずです。せっかくスキルがあるのに、それを使う方法を知らないのは残念な話です。

この起業大学で自分を磨き、自分のスキルを生かす方法を身につけてください。

6章

プログラム 1

「自分の欲望＝目標」をアウトプット

◆◆◆「自分の人生の道しるべ」の作成

プログラム1は「やりたいこと・夢リスト」の作成です。

こちらは一般的に言われる「夢のリスト化」です。インターネット上にもたくさんフォーマットがあると思います。ご自分で探してみてください。あるいは、自分の手帳やノートに殴り書きでも構いません。

自分のほしい物や、やりたいことなど、自分の欲望を「やりたいこと・夢リスト」として書き出していきます。ポイントは、難しく考えず直感で書いていくことです。

たとえば、「週に一度は焼肉を食べたい」「新しいジャケットがほしい」など、自分の欲望をすべて紙に書き出します。

まずは、3分で思いつくだけ書いてみます。10個くらいは書くことを目指してください。

これは一般的には「夢リスト」などとも呼ばれているものです。この「やりたいこと・夢リスト」が、このあとプログラムを進めていく「自分軸」になります。

ほとんどの人は、自分の欲望を書き出すという経験をしたことがないと思います。

しかし、この「やりたいこと・夢リスト」は今後、**自分が生きていく上での道しるべになります。**


私たちが生きていくうえで一番大切なのは「目標設定」です。ただし、これからどうしよう、自分の目標や夢や仕事をこうしようということが、いま決まってなくてもいいのです。いまの段階では、目標を決めることが大事だと覚えてください。


たとえば、「海外旅行に行きたい」と書いたとします。そう書いた人に私は、「なぜ、これまで海外旅行に行かなかったのか」と尋ねます。

「何回かチャンスはあったのに、それをフイにしてしまった」

「なぜフイにしてしまったのですか？」

「休みが取れなかったから」

こんな会話が続くかもしれません。

私に言わせれば、海外旅行に行くと自分が決めれば、仕事が忙しくても有給休暇を取ってでも行くはずです。つまり、すぐ行けるのです。新型コロナの感染拡大の前は、誰でも、いつでも行けたのです。

お金の問題さえクリアできれば、いつでも行けます。つまり、**その人は海外旅行に行きたいと言いながら、「海外旅行に行く」とは決めていなかったのです。**

次の段階として、「海外旅行に行きたい」のであれば、どこに行きたいのか、いつ行きたいのか、誰と行きたいのか、そこまで考えてください。そこまで細かく決めて書き出していきます。

ハワイ、ニューヨーク、イタリア、ロンドン、インド、タイ……行きたい国をあげていくことで、夢や目標はどんどん広がっていきます。

◆◆◆大事なのは、紙に手書きをすること

3分間で10個書けたとします。私は、その人に「これからの人生で、やりたいことが10個しかないのですか？　人生はあと何年あるのですか？」と問います。

１００個あってもいいのではないでしょうか。

たとえば、「大画面テレビがほしい」と書いたとします。大画面テレビ以外にも電化製品は数え切れないほどあります。ほかのほしい電化製品をあげていったら、あっという間に20個や30個が、リストにあがるのではないでしょうか。

このようにして、自分のほしい物や欲望をどんどん書き出していくのです。

飲食事業をやりたいのであれば、具体的にどんな店をやりたいのかを書きます。とんかつ屋なのか、蕎麦屋なのか、居酒屋なのか、いろいろリストアップしていきます。

海外旅行もそうですが、**欲望の中でもお金に換算できるものは、達成しやすいのです。**なかでも具体的な品物であれば、お金の計画を立てればいいだけのことです。

5万円のものであれば、明日買うことも可能でしょう。「買う」と決めるだけです。現金がなくてもクレジットカードで買えます。アマゾンに在庫があれば、いますぐ買うこともできます。そうすれば明日には品物が届いて、夢が叶います。

「やりたいこと・夢リスト」もそうですが、このプログラム全体で大事なことは、紙に手書きをすることです。自分で決めて、自分で紙に書いて意思表示したことは、ちゃんと叶うのです。ちゃんと決めていないから叶わないだけです。

海外旅行の例もそうです。自分で「行く」と決めていなかったのです。

この「やりたいこと・夢リスト」を書いて、半年後に半分ぐらい実現できた人もいます。

私自身、20代から、こうしたリストを書き始めました。長年の経験から頭の中に書いて実行することが習慣化されているので、いまは紙に書くことはしていませんが。

◆◆◆目標設定とビジュアライズの大切さ

初めて起業した頃、私はいつも目標を決めていました。それは先輩の経営者でした。

1人でハウスクリーニング業を始めて、2、3人の後輩に手伝ってもらい、掃除屋さんのチームみたいな感じで仕事をしていました。当時、出会うのは同業者が多かったのですが、東村山の実家の自分の部屋を事務所にしてやっている頃に仲良くなった先輩経営者が10人を雇い、事務所も構えていました。私はまず、その人を目標にしました。

株式会社ジェーウォッシュ（当時の社名）の故・本田慎一郎さんです。本田社長は私より数年前に東京都八王子市で起業されて、私が出会った頃は10名くらいの社員がおり、杉並の下高井戸のアパートの一室に事務所を構えていました。

私は、事務所を借りることと、10名の社員を雇用することを目標にして、会社がそうなることを自分の頭に思い描いて目標にしていました。いわゆるベンチマークです。本田さんとは公私とも仲良くさせていただき、いつもどうしたら近づくことができるのかを聞いていました。

その後、ハウスクリーニング屋としてそれなりに成長して30人くらいの会社になったときは、数百名の社員がいる、やはり同業の社長さんを目標にしました。しっかりした会社経営をおこなっている姿を見て、自分もそれを目指しました。

株式会社シルバーライフの麻生正紀社長です。麻生さんとはJC活動の中で出会い、すぐに親しくなりたいと思いました。数日後には電話して、会社を表敬訪問させてもらいました。中央線武蔵境駅前のオフィスビルにお邪魔させていただいたときには、すごく興奮したのを覚えています。

「これがオフィスか。こういう会社に成長させたいな」と思いました。

そして麻生社長ともJC活動を通して仲良くさせていただき、麻生社長が日本JCのビルメンテナンス部会の部会長を務められたときには、私も事務局を手伝わせていただき、かばん持ちのような存在で全国を一緒に飛び回りました。

麻生さんの凄いところは、それだけでは飽き足らず、某上場会社の社長になりました。さらにその某上場企業は、目標としてはどんどん手が届かない世界へ行ってしまうのです。さらにその某上場企業の社長退任後も、他の上場企業を買収して、また別の上場会社の社長の椅子を手に入れます。書籍も数冊出版されて、舐めるように読みました。いまは引退されて画廊など、好きなことをされながら人生を送られており、私の憧れの経営者の先輩です。

その後もいろいろ応援していただいたのに、私の病気のときには迷惑をかけてしまいましたが、いまでもたまに交流させていただいています。

また当時の私の手帳には目標とする写真、たとえば立派な事務所の写真などを挟んで、いつも見られるようにしていました。

物欲もありました。車が好きだったので、車の写真を手帳に入れていたのです。

起業した頃は、20代のうちにBMWの6シリーズに乗ろうと決めていました。実際、26歳のときにBMWを買うのですが、そのときは6シリーズが廃盤になっていたので、結局、3シリーズのスポーツタイプを買いました。その次は真っ赤なポルシェがほしいと思いました。そうした物欲ばかりでした。**若い頃は、これくらいガツガツしていても良いと思い**

ます。

家族旅行に行きたいと言う人がよくいます。それも、どうせ行くならハワイに行きたいと。でも気がつくと、予算の関係で山梨のブドウ狩りになっていたりします。旅行会社から持ち帰るのも、国内の安い温泉旅行のパンフレットばかりだったりするのです。

しかし、奥さんがハワイ旅行のパンフレットをいろいろ集めて、ハワイの写真を家に貼っておけば、旦那さんはハワイ旅行に連れて行ってくれるものです。

要は、意識の問題です。私は**「いつも思っていれば、目標は必ず叶う」**とよく言っていました。

サッカーの遠藤3兄弟は、父親が兄弟の部屋の天井に目標を貼っていたと聞きます。「高校サッカーで国立競技場に行く」「日本代表になる」「ワールドカップに出場する」。天井に貼られたそうした目標を子供の頃からを見て育ったそうです。

私も、自分や会社が「こうなる！」というイメージを強く持つこと、ビジュアライズをいつもおこなっていました。いわゆる自己暗示です。

そのため、リハビリの先生から「指が動くことをイメージしてください」と言われたときも「経営と同じだ」と思ったのです。実際、リハビリは日々地味なことを継続している経営と同じだと思ったことを覚えています。

ただ、ビジュアライズが不得意な人もいます。そうした人は頭の中だけでイメージするのではなく、目標を紙に書き出すことで上達できます。

私も社会復帰するにあたって、やるべきことを実際に書き出していきました。その中には「本を出版したい」もありましたが、それがいま、こうして実現しています。

私は長年、こうしたビジュアライズのトレーニングを継続しているので、頭の中でもできるようになりましたが、初めのうちは実際に紙に書き出したほうが成果があがります。

大事なのは自分自身への刷り込み、自己暗示です。

◆◆◆ いまの自分の収入を基準にするな

ここまで読まれた人は、「具体的に書く」ということを意識して、もう一度「やりたいこと・夢リスト」をゲーム感覚で書いてみてください。

ゲーム感覚とは、いまの自分の貯蓄や収入を基準にして何がほしい、何がしたいと考えないことです。それが「できる・できない」「買える・買えない」を決めるのは、いまの自分ではありません。いまの自分の収入で「できる・できない」「買える・買えない」を考えてはいけません。

そうした考えを捨てて、もう一度、3分間で書き出していきます。

外食が好きであれば、「月に2回焼肉に行きたい」「毎月高級寿司屋に行きたい」など、どんどん書いてください。いまの自分の固定観念を捨てて、将来ほしいものでも目標でも何でもいいので、どんどん書いてください。

物欲でも大丈夫です。新しい服、新しい靴でもいいのです。夢でもいいですし、目標でもいいです。明日できるものでもいいですし、1年後の目標でもいいのです。

頭の中をフリーにしてどんどん書き出していきます。

2回目は、最初の3分間で書いたリストより数が増えると思います。たとえば最初が10個であれば、20個ぐらい書けると思います。

最初の3分間は、まず白紙の状態で書きます。その後に、どのように書くか私がアドバイスをすると、そのアドバイスで潜在能力が発揮されたのです。

また、これまでの経験の感想として、「最初の3分間で書いたときはけっこう疲れたけれど、坂田さんの話を聞いた後、2回目に書いたときは楽しくなってきた」というコメントがあります。

最初の3分間は「これでいいのかな」と少し悩みながら書いたかもしれません。しかし、2回目はそうした感覚を私が取り払っているので、楽しく感じられるのです。

2回目の楽しさを持ち続けながら、「やりたいこと・夢リスト」を書くことを習慣化していきましょう。

これを何度も繰り返して、自分の欲望を吐き出すことをトレーニングしていきます。つまり、潜在能力、潜在的な意識を引き出し、創造力を養う最高のトレーニングです。

◆◆◆できるだけ具体的に、細かく書き出す

普段の生活の中で、「やりたいこと・夢リスト」に追加したいことを何か思いついたときは、すぐにメモすることを習慣にしてください。

そして**週に一度、自分が書いたリストと向かい合う時間を作ってください。**週に一度、

30分程度、毎週土曜日でも日曜日でいいので、「やりたいこと・夢リスト」を見直し、再確認し、新たにつけ加えていきます。これは、**自分と向き合う時間を作る**ということです。リストを読み、目で認識する作業をおこなうと、これを達成しなければいけないという刷り込みが生まれるからです。これも自己暗示です。

自分で書き出したものが、できる・できないは関係なしに潜在意識にインプットされていきます。そのためには、まず自分の欲望を明確にしなければいけません。

ポイントは、できるだけ具体的に、細かく書いていくことです。

「一戸建ての家がほしい」であれば、どこに、どれくらいの予算で、どんな間取りの家を建てるのか、壁の色や置く家具なども細かく書いていきます。ぼんやりした夢を具体的な形にしていくことが大事です。

初めのうちはぼんやりした夢でいいのですが、「やりたいこと・夢リスト」を書き出すことが習慣化されると、具体的に書くことが身についていくはずです。

海外旅行に行きたい↓ハワイに行きたい↓来年ハワイに行きたい↓来年の正月に家族旅行でハワイに行って、◯◯ホテルに◯泊して、◯◯へ観光に行きたいこのように「やりたいこと・夢リスト」を書くたびに目標を具体的にしていくのです。リストには記入した日を書く欄を設けて「日付」を記入します。

このプログラムには仕事だけではなく、家庭のプライベートのことや社会的なもの、文化的なもの、教養的なものなども含まれています。「英語の勉強をしたい」「ダイエットしたい」などがほしいものであっても大丈夫です。

◆◆◆「やりたいこと・夢リスト」が人生の指標になっていく

プログラム1は一度や二度ではなく、何回も繰り返しおこないます。

繰り返すうちに、この「やりたいこと・夢リスト」が人生の指標になっていきます。リストに書いたけれどいらないと思ったものは、途中で捨ててしまっていいのです。必要なものは、なんらかの形で達成されていきます。

実際、これを書くと3か月後ぐらいには、100個のうち10個ぐらいは叶っていたりします。あとで振り返ってみると、3か月や半年経つと、「これは達成していた」ということが増えていきます。それがこのプログラムの楽しいところでもあります。

7章

プログラム 2

「今の自分を知る」～自我状態～

◆◆◆「自分はこういう人間なんだ」を把握する

プログラム2は「今の自分を知る　～自我状態～」で、世間的に有名なエゴグラムのような性格判断をおこないます。自分のクセや性格などを把握することが目的です。

人それぞれに自分のクセがあります。人から何か言われたときに、「こう感じる」「こう受け止めてしまう」「こう反応してしまう」ということです。

これらはダメなものや問題のあるものばかりではありませんが、なかには少し修正したほうがいいクセもあります。ただ、そうしたことを人から指摘されてもなかなか直せません。人からの指摘を素直に受け止められるか、ムカつくのかも、その人のクセなのです。

プログラム2は、性格判断などで使われるエゴグラムのようなものを使うと良いでしょう。自分のことを「あーそうか、自分はこういう人間なんだ」と把握することが大事なのです。これは占いではありませんが、素直に書くと自分のことがよくわかります。

もし「自分はこんな人間じゃない」と思ったとしたら、質問に対する答えを、よく見せようと思って本心を書いていないからです。このプログラムは人に見せるものではないので、自分の心に素直に書くことが大事です。

プログラム２では、自分にどんなクセがあるのか、どんな人間なのかを知ることから始めます。自分がどんな人間か知ることができれば、次はそれを踏まえて、日頃の生活に生かすことができます。

つまり、「ここを直さなければいけないな、直したほうがいいな」と意識して生活していくようにします。反対に「こんな良いところがある」とわかれば、それを伸ばしていくこともできます。

日々の行動を見直すためにも、まずは自分のことを分析し、知ってもらいます。

起業家はビジネスだけではなく、同時に人間力も養わなければいけません。

◆◆◆ 質問に答えると、自分がどんな人間かわかる

さまざまな書籍やインターネット上にも、エゴグラムのような性格判断ができるものがあります。それらのうちのどれを使用してもかまいません。「自分はどんな人間か？」を

自分で確認することが目的です。

面白いのは、このプログラム2を定期的におこなっていると、結果が変わることです。前回の結果を踏まえて、自分の行動の注意点を意識していると、次回の結果が少し変わるのです。

また、意識していなくても変わることがあります。たとえば転職したり、新規事業を始めたりなど人生の節目があると、その前と後では変わったりします。傾向は似ているけど少し変わったりして面白いのです。

ただし、変わればいいということではありませんし、変わらなければダメということでもありません。あくまでも、**自分が現在、どんな状態にあるのかを把握することが目的です。**

◆◆◆自分のプラス面とマイナス面を知る

自分の性格判断では、自分の思う通り、悩まず直感で答えてみてください。車の運転免許証を取得するときの、ドライバー適正検査のようなものです。

ここで大切なのは、素晴らしい結果を出すことではなく、いま現在の、本当の自分を知ることだと思ってください。起業家にとって、現在の自分・現在の立ち位置を知ることがとても重要です。

たとえば自分の貯金が50万円しかないのに、ビジネスを始めるのに５００万円が必要だとします。そうしたら残りの４５０万円をどうしようかと考えることを始めます。そして計画を立てていきます。親から借りるのか、銀行から借りるのか、友人から借りるのか。もしくは出資を受ける努力をするのかと計画が立てられます。

自分が嫌われ者だったり、嫌な性格であることが把握できたとします。すると、人は自分の性格を改善しようと努力し始めます。あるいは、自分がすでに人気者だったりインスタグラムのフォロワーが多かったりすると、この現状を活用して起業したり、クラウドファンディングで資金を集めたりすることができます。

このように自分のプラス面とマイナス面を把握すること。いわゆる長所と短所を理解することでさまざまな計画が立てられます。

8章

プログラム 3

進化・成長する「To Doリスト」

◆◆◆「今日の行動計画」を毎日5つ書き出す

プログラム3は、「今日の行動計画」です。実は、これは1から6の中で一番難しいプログラムです。ただし、**これが実践できる人は間違いなく自分を進化・成長させることができます。**

簡単に言うと、いわゆる「To Doリスト」を毎日書いていきます。「To Doリスト」とは、今日やることを書き出していくリストです。

ただし、「今日やること」の中身が大事になります。たとえば、買い物に行くときに「トイレットペーパーを買う」「マスクを買う」、買い物に行ったついでに「銀行に行く」。このように買い忘れたり、行き忘れたりしないようにするのも「To Doリスト」です。

そうしたリストも書き出していくのですが、それだけではありません。プログラム3の「今日やること」は、同時に**「目標に向かうためにおこなうこと」**のリストも書き出していきます。

プログラム1の「やりたいこと・夢リスト」で、自分がほしいものをいろいろリストアップしました。その中のどれかを実現するために、今日おこなうことも考えていきます。

そして、その行動を「今日の行動計画」に書き入れていきます。

あるいは、たとえばプログラム2で「計画性が足りない、非計画的」という自我状態が理解できたとしたら、このプログラム3をおこなうこと自体が、非計画的な人間を計画的な人間に変えることになります。

この「今日の行動計画」は、自分の行動を目標から逆算する際に役立ちます。

「1年で100万円を貯める」が目標であれば、毎月8万3000円強を貯めれば実現できます。それを30日で割ると2800円弱になります。つまり、毎日2800円貯めていけば、1年後には100万円貯まります。

そこで、「2800円貯金する」を「定例To Do」に書き、毎日実行すれば、1年で100万円が貯まるのです。ただし、言うは簡単ですが実行は大変です。

これと同じように、何か目標を立てたときに、その目標を達成するためにはどんな行動が必要かを分解していくのです。1年後に達成しようと思うのなら、それを分解して1か月後にはどこまで達成するべきなのかを考えます。そして、それをさらに30分割すれば、毎日何をすればいいのかわかってきます。その30分割したもの1つを、ここに書いていきます。

目標が決まったら、月目標、週目標、そして「今日の行動計画」に落とし込むのです。私はいつもこれをしています。たとえば、法人を作るときは設立の時期をまず決めて、そこから逆算して、いつまでに何をすればいいのかを書き出していきます。

◆◆◆「今日の行動計画」で考えること・意識することが習慣化される

書き出す行動計画には「定例ToDo」と「今日のToDo」があります。

「定例ToDo」は、初めのうちは毎日5個くらい書き出して、それを実行してください。毎日書き出すことを習慣にして、日々の生活に計画性を持つことが目的です。

たとえば、朝起きてからすることを書き出してもいいでしょう。「朝起きたら顔を洗う」「歯を磨く」「朝食を食べる」「ゴミを出す」という風にあげていくと、おこなうことはいっぱいあります。

まずは「計画を立てる」「計画的に行動すること」が大事です。そして、寝る前に今日できたかどうか、○×をつけます。

実際には、ほとんどの人はこうしたことを無意識でおこなっています。それでは、無認識でおこなっていると、どうなるのか。

その行動内容が改善されることはありません。改善を意識的におこなおうというのが、このプログラム3なのです。

たとえば、SNSに「今日、唐揚げを食べました」という投稿をアップしたとします。この投稿を、意識してする場合と意識しないでする場合の違いを考えてみます。

意識してするとは、唐揚げを食べる前からSNSにアップしようと思っている場合です。何も考えずに唐揚げを食べて、その後、SNSにあげようと思ったときは無意識の行動になります。

それでは、意識して唐揚げを食べた場合は、何をするでしょうか。

ＳＮＳにアップするには、写真を撮る必要があります。そして写真を撮るときも、どうしたら唐揚げがおいしく見えるかを考えるでしょう。また投稿では、唐揚げの味を文章で表現する必要があります。そこで食べながら、この味をどのような文章で表現したらいいかを考えます。

このように、唐揚げを食べたことを投稿しようと意識したとたんに、やるべき行動がどんどん増えていきます。しかも、それらをすべて意識して行動するようになります。

文章を書くときは、ただ単に味を表現するのではなく、自分のＳＮＳを読んだ人がコメントしやすいように書くことも意識するでしょう。たとえば、「ガーリック味の唐揚げを食べたので美味しかったけど、匂いがきつかった」と書いたりします。ガーリック味と書くことで、読んだ人が「今度は他の味を食べてみてください」などのコメントがしやすくなるからです。

書き込まれるコメントの数が自分の思っていたよりも少なければ、次はどうしたらもっとコメントが増えるかを考えるでしょう。後日、新発売のジュースを飲んだときには、唐揚げではあまりコメントがつかなかったので、今度はどのように書いたらコメントが増えるかなと考えます。

つまり、**考えること、意識することが習慣化**されていきます。そして、**行動が改善されていくのです。**

自分の行動について、このような意識を持つことがプログラム3のポイントです。

ひとつ一つの行動は些細《ささい》なことでも、どこかを改善していくという意識を持つことが、大切なのです。

自分で何かをやると決め、実践し、それに対して出てきた課題をクリアしていきます。この経験を繰り返し、積み重ねていくと、これをおこなわず、ただ無意識に行動している人とでは、半年後や1年後にはとても大きな差が生まれます。結果がまるで違ってきます。

たとえば365日1年間、毎日ブログを書くと決めたとします。毎日書き続けるためには、書くネタを毎日探さなければいけません。毎日の行動の中でブログになりそうなネタを必死に探すでしょう。そして、それについて文章化するという努力も必要です。

ブログを始める1年前とブログを書き続けた1年後では、物事に対する意識や自分の行動にはかなり変化が生まれ、自分が成長するはずです。

意識して行動するのは、とても大事なことなのです。

◆◆◆日々の反省と改善で、確実に成長する

「今日の行動計画」は毎日○×をつけます。できたことには、その日の夜や翌日に○をつけます。できなかったら、次の日にまた書けばいいのです。

これを繰り返すことで、結果的にできることがどんどん増えていきます。

次に大切なことは、これまでにやったことがないことを少しずつ増やしていくことです。それが「今日の行動計画」です。

1日に1個、まだやったことのないことを増やしていくと、**1年で365個の新しいチャレンジができます。**これで確実に成長できます。あるいは、週に1個新しいことを増やしていくだけでも、1か月で4つの進化があります。

行動の内容は、大きいとか小さいは関係ありません。小さなことでもいいので、やったことがないこと、新しいことを意識的にやることを習慣化して積み重ねていきます。

1年間、同じ職場で働き続けると、ある程度考えずに仕事ができるようになると思いま

す。これは仕事のスキルがあがったのではなく、もしかしたら仕事に慣れただけかもしれません。仕事に慣れたことを仕事が上手になったと勘違いしてしまうと成長が止まります。

しかし、**つねに新しいことをひとつでもつけ加えていくことを意識していると、日々成長し、進化していきます。**

それは、大きな鍋の水に塩をひとつまみ入れた程度の違いでもいいのです。大きな鍋に塩をひとつまみに入れても、味はほとんど変わらないかもしれません。しかし、入れたときと入れないときには、間違いなく差があります。この**小さな違いを積み重ねていくことが、自分が成長するためには大切なのです。**

そして、今日の行動について、反省と改善を検討します。「できたけれど、こうしたらいいかもしれない」などと書くことが、改善になります。それを、次の行動に生かしていきます。

これを繰り返すことで、つねに改善を積み重ねていくことができます。

毎日やることが筋トレであれば、腹筋やスクワットの回数を毎日、あるいは1週間で少しずつ増やしていくのもいいでしょう。行動を意識していないと、気分や体調次第で、その日の回数が増えたり減ったたりしがちですが、「今日の行動計画」に書き出すことで確実に回数を増やしていくことができるはずです。

気がついたときには、**1年前の自分といまの自分では別人のようになっていることでしょう。**1か月前の自分といまではそれほど変化はないかもしれませんが、1年前と比べると圧倒的に変わってくるはずです。そうしたことを1つ持つだけでも成長につながります。**自分の行動を毎日少しずつ変えて、新しいことを取り入れて実践し、それを改善していくことを繰り返します。それを1年間続けた結果、自分がどのように変わっているかを、楽しみにしていてください。**

とても難しいことですが、これを**習慣化すると、とても大きな力になります。**

行動の内容は何でもいいので、1年前の自分とは明らかに何かが違っている、成長していることがあれば自信につながります。それは小さな積み重ねの結果なのです。

◆◆◆責任はすべて自分にある

行動の目標を決めて、それをクリアするための行動をしていきます。そして、その中で気づいたことを行動にプラスしていきます。そうすると、できることが少しずつ増えていきます。大事なのは、プログラム1と同じように紙に手書きで書き出すことです。

ただし、目標を増やしすぎることには注意が必要です。面倒くさくなってやらなくなってしまうからです。

新しいことが増えてきたら、やらないことを決めることも必要です。やめることを自分で決めてください。なんでも自分で決めるのです。

責任はすべて自分にあると自覚してください。自分で決めることが大事なのです。

経営者は自分で決めるトレーニングができているので、決断がとても早いのです。日頃から自分で決めているからです。

たとえば、ミーティングの日程を決めるときでも、「ここところが空いてるから、ここにしましょう」とその場で決まります。ところが、なかには「嫁さんに確認します」と言う人がいます（経営者には、まずいませんが）。

そういう人は一時が万事で、すべてがそうなのです。仕事の予定を立てるときに奥さんに確認が必要になり、すべての進行が遅れていきます。

仕事に関係のない奥さんの意向で進捗状況が変わってしまうようでは、たとえば仕事で重要なプロジェクトがあったとしても、おそらくその人はプロジェクトに入れてもらえないでしょう。

何かを始めることも、やめることもすべて自分で決める。これを意識づけるためにも、今日やることを自分で決めていってください。

そして、今日やることをブラッシュアップしていき、新しい課題を見つけていきます。そうして新しくできること増やしていきます。その結果、確実に1年ごとの成長を感じられます。

ただし、何度も書きますが、毎日続けることはとても大変です。

毎朝歯を磨くことさえも、自分で決めて意識してやっていると思ってください。ルーテインの行動だからやっているのではなく、自分で決めてやっているのです。**小さなことでも自分で決めていく。**それを習慣化していくことが、このプログラム3です。

プログラム2で認識した自分の不足点を「今日の行動計画」の目標に入れてもいいですし、「やりたいこと・夢リスト」に書いたものを手に入れるために必要な行動を分解して、「今日の行動計画」の中に入れるのもいいでしょう。プログラム1やプログラム2とリンクさせて動いていくと、より確実な成長につながります。

些細なことでも新しいことを少しずつ加えていく。やったことの課題を見つけていく。それを継続することが成長には大切なのです。

9章

プログラム 4

なんでもできるようになる！　魔法の「優先順位」

◆◆◆「やりたいこと・夢リスト」を6つの分野に分ける

プログラム4は「優先順位」です。プログラム1で「やりたいこと・夢リスト」を作成しました。ここでは、そのリストのそれぞれの項目について優先順位をつけていきます。

6つの分野に分かれた紙がそれぞれあります。「ビジネス&マネー」「ソーシャル&チャリティー」「ファミリー&プライベート」「ヘルス&ボディー」「エデュケーション&ノウレッジ」「マインド&スピリット」の6つの分野に分かれています。

「やりたいこと・夢リスト」に書き出したリストを、いまあげた6つの分野に分けて、それぞれの「分野」を記入していきます。

たとえば、「仕事で成功したい」「転職したい」「○○で起業したい」「収入をアップしたい」「100万円貯めたい」「株式投資をしたい」などや、「ベンツがほしい」など何かがほしいという物欲も「ビジネス&マネー」になります。

「ファミリー&プライベート」は、たとえば「家族と旅行に行きたい」「家族で食事に行きたい」「子供と一緒に遊びに行きたい」など、家族のために何かをしたいという家庭やプライベートに向けた欲求になります。「親孝行したい」なども、ここに入ります。

「マインド&スピリット」は、自分への気づき・自分とのつながりや哲学的なもの、スピリチュアル的な事項です。日頃からさまざまなことに感謝をすることは大事になるので、それに近いような欲求があれば、この「マインド&スピリット」に入ります。

「ヘルス&ボディー」は、たとえば「ダイエットしたい」「健康のためジョギングを始めたい」「ジムに通いたい」などが当てはまります。

「エデュケーション&ノウレッジ」は、たとえば「セミナーに通いたい」「英会話を習いたい」「○○の本を買いたい」など、勉強に関するような欲求です。

「ソーシャル&チャリティー」は社会貢献・慈善活動などです。「ユニセフに募金する」「ボランティア活動・地域での活動」など社会貢献性の高い活動です。

それでは、「やりたいこと・夢リスト」のすべての項目の「分野」を記入してください。

分野を書いてみると、面白いぐらい片寄ると思います。ほとんどの人は「ビジネス&マネー」が多くなるでしょう。起業をしたいという人であれば、それで構いません。
まずは自分が書き出した「やりたいこと・夢リスト」が、それぞれどの分野に当てはまるか書いてください。あまり厳密に考えず、「これに入るかな」という程度の検討で大丈夫です。

おそらく1個もない分野があると思います。あるいは、「ビジネス&マネー」しかない人、「ビジネス&マネー」と「ファミリー&プライベート」の2分野しかない人もいるかもしれません。若いうちは「マインド&スピリット」や「ソーシャル&チャリティー」がない人は多いと思います。

◆◆◆分野ごとに優先順位をつける

「分野」の記入が終わったら、次は分野ごとに分かれたそれぞれの紙に優勢順位をつけて書き写していきます。

たとえば「ビジネス&マネー」に該当するリストが10個あったら、どれが一番初めにほしいか、あるいは優先度が高いので一番に達成したいなと思う順番に、1から書き写してください。

「やりたいこと・夢リスト」はアトランダムに書き出していきましたが、ここで優先順位をつけることによって、どれから手をつければいいのかが明確になります。

自分の中で順位が高いということは、達成の可能性が高いということではありません。重要度が高いとは、簡単に言えば、ほしいものの順番です。これはそのときどきによって変わっても構いません。

書き写すときに「やりたいこと・夢リスト」の内容を書き直しても大丈夫です。週に一度など定期的に「やりたいこと・夢リスト」と向かい合っている人は、リストがいろいろ増えているはずです。初めの頃に書いた項目を書き直しても大丈夫です。

まだ目標がしっかり決まってないうちは、流動的で問題ありません。臨機応変に対応してください。最初の段階で頭でっかちになって、「こうでなければいけない」と決め込む必要はありません。私も、「やりたいこと・夢リスト」の内容はつねに変わっていきます。

書き写していると、自分の願い（目標）が叶っていることに気づくことも多いと思います。たとえば、「ホームページを作り直す」という目標が、2か月後に、この優先順位をつけるリストを作るときに実行済みだと気づいた人もいます。家族旅行が実現した人もいます。

大事なことは、リストに優先順位をつけること、そして、すでに達成している項目もあることを認識することです。

「あれ、できてる！」というのは、**勝利の糧を自分で感じている瞬間です。小さな達成感を味わっているのです。これがクセになると、なんでもできるようになります。**

◆◆◆すべての分野で目標をつくる

この6つの分野は、人生を豊かにする6分野と言われているものです。6つの分野はすべて、人生において必要なのです。

たとえば、月収1000万円を得ていればビジネスでは大成功しているかもしれませんが、もし家庭がボロボロであれば、「それで幸せですか？」という話なのです。

決して幸せとは言えないと思います。家に帰るのが面倒なので、毎日ホテルに泊まっているかもしれません。つまり、お金があれば幸せとはかぎらないのです。人生は仕事だけではないのです。

あるいは、お金を持っていて、しかも家族との関係もうまくいっても、病気をしたらどうでしょうか。私も脳幹出血で倒れました。そのときに健康の大切さが身にしみました。

つまり、どれかが欠けてもうまくいかないということです。

若いうちはあまり健康を気にしなくても大丈夫ですが、ある程度の年齢になると留意する必要があります。病気になってからでは手遅れです。若い人でも、できれば年に一度くらいは人間ドックを受診するほうがいいでしょう。

起業には社会貢献的な側面もあります。「自分だけ儲かればいい」という考えでは絶対にうまくいきませんし、世の中から認められません。社会貢献としての活動をおこなったほうがいいのです。

欧米では、自分の収入の5％や10％を教会などに寄付している人たちが多くいます。これは「ソーシャル＆チャリティー」の分野とも重なってくるのですが、社会や神様に感謝するという行動していると、結果的に全体のバランスが良くなります。

1つか2つの分野にしか「やりたいこと・夢リスト」がないということは、全体のバランスがとても悪い状態です。すべての分野で1個ずつでもいいので、書き出せるようにしましょう。

たとえば「マインド&スピリット」では「年に一度、実家に帰ってお墓参りに行く」でもいいのです。先祖に感謝するということです。それなら、さほど難しくないでしょう。

大事なのは、そうしたことが自分にとって必要だと認識していることです。

「ソーシャル&チャリティー」は、**「家の近所のゴミを拾う」**でもいいのです。そうした小さな目標でも構いません。繰り返しますが、大事なのは自分の中にそうした行動への認識があることです。

「ヘルス&ボディー」は「週に一度休肝日を作る」でもいいでしょう。

「エデュケーション&ノウレッジ」なら「週に1冊本を読む」もいいでしょう。

そうしたことでもいいので、すべての分野で一つは目標を作ってください。

このような認識を持つと、「やりたいこと・夢リスト」の書き方が変わってきます。「こうしたことも欲しなければいけないな」という認識が生まれてくるからです。自分の中で足りていない部分がどこなのか、認識できるようになります。ここがポイントです。

そして、**バランスが取れるということが結果的に、いろいろな部分でうまくいったり、成功したりすることにつながります。**

ただし、1つもリストがない分野があるからダメということではありません。自分には足りていない、見えていない欲求の分野があることに気づくことが大事なのです。そして、そこを補完して全体のバランスを取っていきます。

起業したいという人であれば「ビジネス＆マネー」の項目が多くなるのは当然です。ただし、それだけではうまくいかないということを理解してください。

◆◆◆ 6分野のバランスが取れた行動を意識する

それぞれの分野で優先順位がつくと、どのリストからおこなえばいいかが明確になります。「やりたいこと・夢リスト」は思いついた順番に書き出しています。つまり、そのままではどれから手をつけていいのかわかりません。

このプログラム４で優先順位が決まりました。これは、ほしいものを棚卸《たなおろし》して分類する作業をしたわけです。「これからやっていけばいい」ということが、わかりやすくなりました。同時に、自分に足りない欲求の分野が何かもわかってきます。

自分の中で、バランスよく欲求を持つということです。そして、バランスよく達成していくのです。そうすることで、結果的に良い循環が生まれます。

たとえば「ビジネス＆マネー」が10個あって、ほかの分野が1つずつしかないとします。その場合は「ビジネス＆マネー」の10個をすべておこなってから、ほかのことをおこなうのでは、バランスが悪くなります。

そこで、それぞれの分野の中で優先順位をつけつつも、６つの分野の中でバランスをとることも大事になります。

「ビジネス＆マネー」がうまくいっているから寄付もできるのです。お金がなければ寄付もできません。寄付をしているから信用が高まり、また仕事が生まれてきます。つまり、全体のバランスが大事です。

どれか1つの分野だけ飛び抜けているのではなく、バランスが取れていることが大事なのです。６つの分野がつながっていると考えてください。

このプログラム４もプログラム１と同様に、一週間に一度、自分と向き合う時間を作ってください。この優先順位リストを作る作業は、自分の人生を作ることと同じなのです。慣れてくると「やりたいこと・夢リスト」で15分、「優先順位のリスト」で15分、合わせて30分もあれば書き出せるようになります。一週間に30分、このトレーニングをする時間を作ってください。

私は何十年もこの作業をおこなっているので、頭の中でアップデートができるようになっています。みなさんは「やりたいこと・夢リスト」を紙に書いて、それを見直して「達成しているな」と確認してください。リストを見直すこと、追加することを**週に1度、習慣化してください。**そして、優先順位に書き写す作業していきます。

各分野で優先順位をつけるときに、大きな目標は優先順位を高くします。「これは絶対したい」ということは一番にしてください。小さな目標は優先順位が低くても達成しやすいからです。

将来的に「絶対にやりたいこと」が見つかったら一番にします。そして、それを達成するためにしっかりとした計画に落とし込む方法を、次のプログラム5で学びます。

このリストは何度も書き直して大丈夫です。ただし、つねに意識してほしいのは、自分はどれを一番に成し遂げたいのかです。本当の自分の人生をどうやって作っているのか、それがブレないために、この優先順位が重要なのです。

まず、**自分は何をしたいのか、どういうことをしたいのかを決めます。**誰でも人生は迷います。何万通りの道がありますから。

何かひとつの目標を成し遂げられたら、次に進むことができます。

この優先順位をあれこれと考えながら、最終的な目標を決めていきます。何が一番優先順位が高いのか、自分で決めてください。

10章

プログラム 5

「目標設定と行動計画」

◆◆◆自分の目標を具体的に表明する

プログラム5は「目標設定と行動計画」です。

プログラム1で作った「やりたいこと・夢リスト」について、プログラム4で「分野分け」と「優先順位付け」をおこないました。プログラム5では、そのやりたいこと、実現したいことのリストについて具体的に目標を設定し、それを実現するまでのプロセスを組み立てていきます。

最初に「ゴール&アクション」の用紙の「Date of action」欄にこのプログラム5をおこなう日を記入します。

その右に「Date of goal」がありますが、これは「いつまでにこの目標を達成する」という自分の中での目標です。1年後でも半年後でもいいので、日付を記入します。大事なのは、「いつまでに」を自分で決めることです。この「Date of goal」がないと、書いただけで終わってしまう可能性があります。

「Date of goal」について、どれくらい時間がかかるのか、いまはまだピンとこないのであれば、このプログラムの最後に書くのでも大丈夫です。

「My Goal」の欄に、目標をひとつ記入します。たとえば、プログラム4で優先順位が一番だったものを書いてください。一番以外のものでもいいのですが、プログラム4で6つの分野に分けたリストのどれかを選んでください。

たとえば、「My Goal」を「本を出版する」としましょう。

しかし、「本を出版する」では、まだ具体性に乏しいのです。そこで、私なら「起業したい人を支援する本を出版する」とします。この「My Goal」もできるだけ具体的に書いてください。仕事上の目標であれば、売上金額なども入れていきます。

「My Goal」が具体的なほど、この後の書き込み作業が容易になります。

次は、この**「My Goal」からどのような利益を得られるかも理解**しておきましょう。

つまり、この目標の達成により自分はどんなおいしい思いができるのかを書いていきます。

ただ「やりたい」だけだと、途中で頓挫しがちなので、ここで具体的な利益を明確にさせます。それにより心が折れそうになっても、「もっと頑張ろう」という意欲が湧いてくるからです。

たとえば、本の出版であれば「印税収入」です。ひとつではなく、思いついたものはすべてメモしておきましょう。

その際に、プログラム４の６分野に関連したことを書くのもいいでしょう。たとえば、起業を支援する本を書くことで、「仕事で悩んでいる人へのアドバイスになり、社会貢献ができる」。つまり、人助けができることも私にとっては利益になります。

あるいは、私がおこなっているフランチャイズビジネスで起業する方法を本で紹介することで、加盟店が増えるかもしれません。

◆◆◆目標を達成する際の障害と解決策を事前に考える

次は、その目標を達成するにあたり「想定される障害」です。どんな障害が予想されるかを事前に予測します。

たとえば「本を書く時間がない」です。ほかにも自分のモチベーションの問題など、いろいろと出てくると思います。

世の中は想定どおりにいくことなんてありません。「こんな障害に直面したら、こうしよう」と事前に準備しておくと、実際に障害やトラブルに直面したときも慌てずにすみます。あるいは、そうした状況にならないようにするためには、どうしたらいいのか、先手を打つこともできます。

どんな些細なことでも、片っ端からあげていきます。一般的に目標達成にあたっては、時間とやる気が障害になるケースが多く見られます。

次は、想定される障害に対する「障害の解決策」です。それぞれの障害を克服するための解決策を書いていきます。箇条書きでもいいので、具体的に書きましょう。

本を書いているときに新型コロナに感染することも考えられます。「感染対策のマスク・手洗い・うがいを徹底する」も解決策になりますが、感染すると2週間近く隔離されるので、「予定を2週間前倒しにする」も解決策になるでしょう。

時間の問題であれば、「仕事を始める前に毎朝、30分の執筆時間を作る」という方法があります。

やる気やモチベーションの解決策としては、「10ページ分の原稿を書いたらおいしいもの（焼肉や寿司など）を食べる」でもいいでしょう。

時間に関しては、今日の行動計画に「毎日30分原稿を執筆する」と書き込むことができます。

◆◆◆目標を達成するための具体的な行動

これで、目標表明から障害を克服するための解決策までがまとまりました。次は「目標達成までの行動計画」になります。

いますぐできることは何か、少し先ならできることは何か、もっと先にできることは何かを考えて、いまできることから順番に書き出していきます。

本の出版であれば、最初は「本を出版したことのある友人に相談する」でしょうか。

同時に、それをいつまでにおこなうか、「期日」も書き込みます。

友人に相談した後には「本の企画書を書く」が考えられます。その次は「友人に企画書をチェックしてもらう」などがあげられます。

このように具体的な行動を、段階に応じて順番に書き出していきます。そして、それぞれについて、いつまでにおこなうのか期日も書き込みます。

この行動段階を書いているときに新たな障害を思いついたら、先ほどの「想定される障害」に戻ります。得られる利益を思いついたら、書き足してください。どの欄でもいいので、思いついたことはどんどん書き足していきます。

「期日」を書くことはとても大事です。それを見ると「いつまでにやらなければいけない」と気づくことができるからです。期日があることで、自分の中でコントロールすることが可能になります。

「友人に相談する」は、明日にでもできるでしょう。「企画書を書く」は1週間後というように、期日を決めていきます。

最終段階になる本の出版は、たとえば半年後にします。

この行動計画を具体的に細かく書けば書くほど、目標達成の可能性は高くなります。細かく書くことで、いまの自分は目標達成までの全体の進捗状況の中で、遅れているのか、順調に進められているのかを見極めて把握できるからです。

行き当たりばったりでやっていても、目標は達成できません。自分がいま、全体の工程のどこにいるのかを知ることが大切です。

行動計画も、できるだけ具体的に書いていきます。たとえば「友人に相談する」も相談相手の名前を入れたほうがいいでしょう。

ここで「いつ、誰と、何をする」を具体的に書き出し、細かい行動に落とし込んでいくと、プログラム3の「今日の行動計画」にそのまま載せることができるのです。

そして、「今日の行動計画」に反映させることで実行力がアップしていきます。

目標設定自体は全体を俯瞰《ふかん》するためにおこなっているのですが、行動を細かく分析、分解することで、1日ごとの行動にまで落とし込むことができます。そして、その日にやることをプログラム3の「今日の行動計画」に転記していくわけです。

そうすることで行動の精度が上がり、目標達成に近づいていきます。

「やりたいこと・夢リスト」にはいろいろなことを書き出したと思います。そのリストすべてについてこの作業をおこなうと、「今日の行動計画」がものすごい数になってしまいます。

しかし、それを一個ずつ潰していくと「やりたいこと・夢リスト」に書いてあることはすべて手に入ることになります。だからこそ、「やりたいこと・夢リスト」を書き出すことが重要なのです。

◆◆◆小さな達成感を味わう

ただし、リストに書いただけで手に入るものもあります。たとえば、お金で解決できるものは簡単です。買えばいいだけです。つまり、買うと決めるだけなのです。

「やりたいこと・夢リスト」の中に「動画編集ソフトがほしい」があったとします。ソフト自体はお金を出せば買うことができます。目標達成は簡単です。

しかし、そのソフトがほしかった理由が、ソフトを使って動画を編集し、YouTubeに投稿することだとします。そうであれば、ソフトの使い方をマスターし、動画を編集し、それYouTubeにアップしなければ、本当の目標達成にはなりません。

つまり、プログラム5まで学ぶことで、プログラム1の「やりたいこと・夢リスト」の書き方が変わってきます。週に一度、「やりたいこと・夢リスト」を見直す時間を作っているうちに、「やりたいこと・夢リスト」の書き方が進化するのです。

単に物欲を書き出したリストではなく、それを手に入れて実現したいことも含めたリストになっていきます。


行動計画を細かい作業に落とし込んでいくと、初めのうちは簡単に達成できる行動もリストアップされます。たとえば、「動画編集ソフトをマスターしてYouTubeに動画をアップする」が目標表明なら、「どの動画編集ソフトを使うか決める」「動画編集ソフトを買う」という行動計画が、初めのほうにあげられます。

この2つは比較的簡単に達成できるでしょう。達成したら、この項目にも○×を付けて、「完了チェック」をします。簡単なことでも、完了のチェックを入れられたことで、**小さな達成感を得ることができます。達成感は、目標達成に向かうモチベーションを与えてくれます。**

人は、やれない理由とやらない理由を考える天才です。「忙しい」「時間がない」と自分に言い聞かせて、行動を邪魔します。この「時間がない」が予測される障害です。このプログラムではその対応法を事前に考えておくのです。

◆◆◆成功している人は、行動が早い

この目標に到達するために時間、努力、お金を費やす価値があるかと、きちんと自分で確認することも大切です。

場合によっては、ここまで書いてみても「あれ、違うな」ということがあるかもしれません。その場合は、この目標を破棄すればいいのです。

その場合は、目標の立て方が違っていたのかもしれません。もう一度考え直してみるのもいいでしょう。

自分で価値があると感じたのであれば、自信を持って進んでいきましょう。

アファーメーションとは、この目標を達成するにあたり、自分にプラスのイメージを植えつけるためのキーワードを書いていきます。アファーメーションとは、自分自身に対する肯定的な宣言のことです。

そして、このアファーメーションを声に出して読みあげます。**目で見て耳で聞くこと、視覚と聴覚の両方から自分に暗示をかけます。**

到達難易度が高い目標であればあるほど、自分で自分に思い込ませなければいけません。あるいは、まわりの人が「そんなこと、無理だよ」と言って足を引っ張ったりします。そうしたマイナスの言葉やプレッシャーをかけたりします。

それらは「やらなくてもいいよ」と言われているのと同じです。自分の心のどこかで「やりたくない」と思っていると、「あの人もそう言っているから」と思って、途中でやめてしまうのです。

このプログラム5も一度やっただけでは、なかなかうまくいきません。ひとつの目標表明を、何回も書き直すことで、精度が上がっていきます。

成功している人を見ると、共通している点があります。それは行動が早いということ。ビジネスのアイデアの話をすると、すぐに「それいいですね。やりましょう」と言ってくれるときがあります。しかも、その「やりましょう」と言ったときからすでにビジネスがスタートして、あっという間に法人設立となったりします。とにかく決めてから動くまで、すべてが早いのです。

そして、誰かに「どう思うか」を聞きません。なぜなら、人に相談すると「大丈夫なの？」など、やらなくていい理由がいっぱい出てくるからです。**自分が「いいな」と思ったら、リスクはしっかり検討して、すぐに動きます。**

◆◆◆小さなことの積み重ねが、大きな差を生む

この起業大学では、何も難しいことをしていませんが、しかし、起業するにあたって必要なことは、すべてこのプログラムに入っているのです。

プログラム1から5のひとつでも欠けてしまうと、起業は絶対にうまくいきません。騙されたと思って、ぜひ実行してみてください。

プログラム4の優先順位には6分野がありますが、「やりたいこと・夢リスト」がある分野に片寄るとうまくいきません。つまり、ない分野の欲望・目標は自分で作るべきなのです。そうすることでバランスが取れていきます。

これを意識することが大事なのです。意識することで、やれることが増えていきます。「○○が足りない」ということも発見できて、よくわかってきます。

一見すると、小さなことの積み重ねですが、これをやらなければ、大きなことを成すことはできません。

以上のことをしたうえで、次に自分の目標を、細かい日々の行動にまで落とし込んでいきます。

「自分の夢を実現できる人とできない人の差」は、こうした小さなことの積み重ねにあると、私は信じています。

11章

プログラム 6

具体的な成功法を学ぶ「人生の選択・決断」

◆◆◆成功哲学とは「刷り込み作業」

プログラム6は映像などのコンテンツを指定し、事前にそれを見てもらいます。そして、それに関連する話をしていきます。

たとえば、ベストセラー『7つの習慣』（スティーブン・R．コヴィー著　キングベアー出版刊）に関する映像を取り上げたことがあります。そのときはこんな話をしました。

＊　　　＊

『7つの習慣』の内容を一言で表すと私の解釈では「刷り込み作業」になります。この刷り込み作業は**本を読んでも、実践しなければ意味がありません。いろいろな知識があっても行動しなければ意味がないのと同じです。**

この養成講座のプログラムでおこなっていることも、細かい内容は違いますが、基本的には同じ「刷り込み作業」です。世の中にある成功哲学というものは、根本的に行き着くところは同じなのです。どの本を読んでもアプローチの仕方が違うだけで、スタンスはすべて同じです。

たとえば、私は、どんなにお金を持っていても、自分の嫌なタイプの人とは一緒に仕事をしたくありません。すごい人でも、黒い噂のある人もいます。そんな人と知り合いになって、一緒にビジネスをしたり、その人からビジネスを教わることは基本的にはしたくありません。

実際、都内で長年、会社経営に携わっていると、さまざまな人物が近寄ってきます。お金持ちも来ますし、詐欺師も来ます。本当です。

また、お金持ちにもゼロから作り上げた人、二代目からスタートした人、いまは仮想通貨で大儲けした人もいます。

その人の中身と、お金持ちかどうかはまったく別の問題です。たとえば仮想通貨で稼いだということは、仕事で稼いだのではありません。宝くじが当たったようなものです。

仮想通貨を投資と言う人もいますが、プロの投資家は仮想通貨をやりません。「失って

も いいや」と思っているお金をつぎ込んで、宝くじを買っているのと同じ感覚です。

なぜなら、名前のとおり「仮想」だからです。仮想通貨はナンセンスとまでは言いませんが、あくまでも仮想です。現金にすることもできますが税金がかかり、現金化もなかなか難しいのが現実です。

仮想通貨は宝くじが当たったのと同じなのに、「成功した！」という錯覚をしてしまうことが一番恐いのです。お金持ちにはなりましたが、なにかの事業で稼いだわけではないからです。

お金があれば、会社を作ることはできます。事業をおこなうこともできます。しかし、うまくいくかどうかの保証はありません。仮想通貨で儲けた人が事業を始めても、その多くは失敗してお金を失っていきます。宝くじに当たった人の多くが破産しているという話と同じです。

要は、人間力を高めていかなければ、いくらお金を持ったとしても結局は失敗するのです。収入が増えるのと同時並行で、自分を磨いていく必要があります。

お金とは生き物のようなもので、お金にも感情があります。「この人のところに行っても大丈夫だ」というところに集まるのです。「この人はいやだな」と思ったら、お金は逃げていきます。

お金は「好き嫌い」をはっきりと言います。短期間にものすごく稼いだとしても、それが永遠に続くという保証はありません。

◆◆◆自分の責任で、どう動いていくか

『7つの習慣』でも、人格主義であれと言っています。いつまでも勉強をし続けなさいということです。

自己啓発の本は「もう読まなくていいんじゃない!?」という人たちが読みます。読まなければいけない人は読まないのです。それと同じで、お金持ちはどんどんお金持ちになっていきます。お金持ちがいいということではありませんが、お金持ちになるには人間力を含めて、いろいろなことが備わっていないとなれません。

『7つの習慣』では「人のせいにしない、自分のせいにする」とも言っています。自分に対して厳しくするということです。

何をやるのも自由ですし、やめるのも自由です。しかし、人のせいにしていたら、自分の人生は絶対にうまくいきません。

私はいつも**「自分の人生なのだから、自分で計画を立てて、自分で行動しましょう」**と言っています。「○○ができない」というのは、誰かのせいにしています。いちばん多いのは家族のせいです。

フランチャイズの本部には加盟店希望者が来ますが、その希望者には依存心の強い人が多いというのも事実です。これから商売をしようと考えて来ているのに、面談をするとよく出る言葉は「家に帰って妻と相談します」です。

悪いことではありません。しかし、「やるのはあなたですよね。やりたいのはあなたですよね。奥さんがやりたいわけではありませんよね」と思ってしまいます。実際には、そこまでは言いませんが。

奥さんがやってもいいと言ったのでやる。奥さんがダメと言ったのでやらない……。

もちろん、家族も大事です。でも、自分の仕事ですから、やる・やらないかを決めるのは自分ではないでしょうか。自分がやろうと思ったのなら、家族を説得することも歩むべき道だと思います。

まず、**自分がやりたいか、やりたくないかを決める。やりたいと思ったら家族の了解を得る。パートナーも一緒にやってもらえるように自分で道筋をつける。これが自分の人生の生き方だと思います。**つまり、主体的であるということです。

　みなさんが、自分のビジネス、自分の人生を、自分の責任でどう切り開いていくかということです。ここがクリアできると、起業での成功は早いかもしれません。とにかく、人間は言い訳をすることが上手ですから。

＊　＊

このように起業大学のプログラムでおこなっているのと同じことが『7つの習慣』にも書かれていることを話していきます。起業すると、自分で自分を管理していく必要があることなどを話します。

起業して経営者やフリーランスになると、誰も自分のことを管理してくれません。「会社に来なさい」と言われることは、もうありません。

自分で厳しくしなければ、自分の管理は誰もしてくれません。そこで、自分に厳しく律することの大切さを話します。

そして、シンプルだけどの大切なことがあること。プログラム1から5では、それを繰り返しおこなっていることをアドバイスをします

◆◆◆成功への近道は、自己暗示と共存共栄

成功をするうえで一番大切なのは自己暗示です。**「絶対うまくいくんだ、絶対やるんだ」という自分への思い込み、自己暗示がとても大事です。根拠はなくても大丈夫です。**根拠は後からつければいいのです。

根拠のない自信を最初に持ちます。そして、この根拠のない自信についてプログラムを進めていくと、具体的に「これをやらなきゃいけないのか」という現実との戦いが始まります。それを乗り越えるための目標を立てて、大きな夢を持っていきましょう。

そのためには、**自責にする、他人のせい（他責）にしない、失敗しても自分のせいなの**

です。

「やりたいこと・夢リスト」を書き続けて、どんどんリストを増やし続けていくのです。

私はビジネスの第一線に30年以上いますが、その間に何人もの経営者が消えていくのを見てきました。また、会社経営の階段を上がっていくと、つき合う人もどんどん変わっていきます。

ビジネスは共存共栄です。自分だけがうまくいこうとしても、ビジネスはうまくいきません。

私はハウスクリーニング業の頃から、フランチャイズ展開をおこなっています。フランチャイズの特徴として「本部が儲かる」と言われています。それは当たり前です。ただし、加盟店さんにもちゃんと儲けてもらわないと、長く続けることはできません。共存共栄なのです。

自分だけ儲けようというビジネスモデルは、決して長続きしません。Ｗｉｎ－Ｗｉｎになれるように努力することが必要です。

この姿勢を持つとビジネスは、さらに加速します。1馬力がいきなり100馬力になったりします。

『7つの習慣』でも、勉強を続けることが説かれています。私も、いつも勉強し続けるように伝えています。

たとえば、このプログラムの講師をすることによって、私自身も受講生と同様に学んでいることを話します。実は、講師として話している人が一番学んでいるのです。人前に立って話すことを学んでいるのです。

経営者は社員に対して、自分の言葉で会社の理念や自分のやりたいことを伝えなければいけません。セミナー講師はその勉強になるのです。

私は20代の後半から、ＪＣ（青年会議所）活動を通じて人前で話をするトレーニングをしました。**組織を持ったら、組織のみんなに自分のやりたいことや会社が目指すところをきちんと伝える必要**があるからです。

◆◆◆人と違う生活パターンでなければ、収入はアップしない

「やりたいこと・夢リスト」を書き続けてください。「今日の行動計画」を毎日5個書き続けましょう。これを習慣にしてください。

自分の人生を作るために必要な自分を見つめ直す時間は、自分にしか作ることはできません。自分で管理するということです。

これができるようになると、いろいろなことを自分で管理できるようになります。たとえば、ダイエットもそうでしょう。体重が増えたなと思ったら、落とそうとするでしょう。ただ、仕事を優先させたければ体重管理は後になるかもしれません。そこは自分で選択する必要があります。バランスを取るようにしてください。ダイエットのために運動をすると、仕事をする時間が少なくなりますから。

私たちはみんな、1日は24時間しか与えられていません。この24時間をどう使うかは、自分の人生の選択です。

私は人生の折り返し点を越えたので、やりたいことをやらせてもらっています。やりたくないことはやりませんし、行きたいところに行きます。

私は遊びも一生懸命にやっています。仕事も一生懸命です。長年の経験から私は効率よくやることを覚えたので、時間の使い方が上手になったと思います。

三食たべることも習慣です。朝起きて顔を洗う、歯を磨くも習慣です。そうした習慣と同じように、目標や夢にプラスになる習慣をつけ加えてください。

実は、人生にプラスになることは習慣化しにくいのです。なぜなら、いまのままのほうが楽だからです。仕事を終えて帰ってきたら、プライベートな時間はのんびり過ごしたほうが楽です。

眠くなったら寝る。しかし、それだと収入はいまのままです。収入アップを目指すのであれば、人と違うことをしていかなければいけません。人と違う動きをしなければいけません。

自分で決めて、決してあきらめず頑張ってください。

いろいろな目標があると思います。ビジネスの目標、健康面の目標、家族での目標など、いろいろあります。まずは、どれかひとつを成し遂げられるように頑張ってください。

私は掃除屋（ハウスクリーニング）で最初の起業をしましたが、掃除が好きだったわけではありません。掃除屋はあくまで手段でした。

いまはやりたいことをやっています。ただ、いまの形にたどりつくまでには多くの失敗もしました。その過程で、多くのことを学んできました。

みなさんもこれから大きな壁にぶつかったり、大きな失敗をすると思います。それを受け入れてください。失敗から逃げずに受け入れることです。それが成長につながります。

いつか失敗したことが笑い話になります。失敗を笑い話にできる人生になるように頑張ってください。

成功のために必要な、シンプルなひとことをお伝えしましょう。

決してあきらめないことです。

あなたの人生を激変させる9つの「宝の航海図表」
8章(プログラム3) 9章(プログラム4) 10章(プログラム5) 11章(プログラム6)参照

Business and Money
仕事の成功・キャリア・お金

❶	
❷	
❸	
❹	
❺	
❻	
❼	

ビジネス&マネー

今日の行動計画　月　日

❶	
❷	
❸	
❹	
❺	
週目標	

Social and Charity
社会的な活動・慈善活動・慈善ボランティア

❶	
❷	
❸	
❹	
❺	
❻	
❼	

ソーシャル&チャリティー

Family and Private
家族・家庭やプライベート

❶	
❷	
❸	
❹	
❺	
❻	
❼	

ファミリー&プライベート

Health and Body
健康と身体

❶	
❷	
❸	
❹	
❺	
❻	
❼	

ヘルス&ボディー

Education and Knowledge
教育・教養・知識

❶	
❷	
❸	
❹	
❺	
❻	
❼	

エデュケーション&ノウレッジ

Mind and Spirit
心と精神

❶	
❷	
❸	
❹	
❺	
❻	
❼	

マインド&スピリット

Goal and action
～目標設定と行動計画～

Date of action	Date of goal

My Goal（目標設定）	

想定される障害	障害の解決策

ゴール&アクション

Goal and action
～目標設定と行動計画～

期日	目標達成までの行動計画

アファー メーション	

ゴール&アクション

おわりに

日本人の9割がどこかに勤めて、給料をもらうという働き方に慣れてしまっています。しかし、今回のコロナ禍のような事態が起こると、会社はどうなるかわかりません。解雇された人もたくさんいるはずです。

そういう人たちは、これからどうすればいいのか。再就職するにしてもなかなか難しいでしょう。そうしたときに、自分でやりたいことを選んで働く時代が来てもいいのではないでしょうか。

起業をしなくてもいいのですが、マインドを変えることが生きる楽しみにつながると思います。仕事がつらくなくなります。いまの私は仕事と言いながらも、遊んでいるのと同じような感覚です。「仕事＝趣味」みたいなものです。

仕事上のパートナーには、失礼かもしれませんが、私にとって会社を作ることは、子供がプラモデルを作るのと同じようなものです。まさに人生ゲームをしている感覚で会社登記の印鑑を押しています。

フィリピンのセブ島に住む友人が、店をやりたいという話を以前からしていました。いまはロックダウンでセブ島には行けませんが、その友人からたこ焼き屋をやろうという連絡が来ました。

いくらかかるのか聞くと、不動産は持っているので、そこなら改装費だけなので莫大な費用がかからず、オープンできるのだけど、一緒にやらないかというＬＩＮＥが来ました。そこで私は、条件等の詳細を含めていくつか質問させてもらい、返答後に費用の半分を送金して、２０２０年12月にセブのマクタン島に、たこ焼きレストランのオープンさせました。そんな感じのノリです。

フィリピンでもたこ焼きはなかなか人気があるので、コロナが落ち着いたら味をチェックしに行き、経営を整えていこうと思っています。

仕事や働き方に不安を感じている人は多いと思います。というより、ほとんどの人がそうでしょう。私自身もそうでした。

10代のとき、ひとまわり上の当時30歳の先輩が日給1万円で働いてるのを見て、「自分が30歳のときに、同じことしていたくない」と思ったことが起業のきっかけになりました。不安があるのであれば、何をするべきか、何ができるのかを考えるべきです。

私は「起業しなさい」と言っているわけではありません。ただ、**「起業という働き方」**があることを知れば、人生の選択肢が増えると思います。

以前は副業禁止だった会社も、どんどん副業を認めるようになっています。空いた時間に自分がやりたいこと、自分が好きなことにあてて、それを収入につなげるべきです。

自分が主役になれる「起業という働き方」を知り、人生の選択肢を増やし、自分で選んでください。

起業はゴールではなくスタートで、そこからが本当の勝負です。**大変ですが、あきらめないで、正しい方向で頑張れば必ずうまくいきます。あきらめてはいけません。**私自身、リハビリ中に決してあきらめることはありませんでした。

私は事業家として多くの挫折を味わい、多くの人に迷惑をかける人生でした。いままで私の人生に関わってくれた方に、本当にお詫びと感謝を申し上げたいです。

そして今回、この書籍の執筆にあたり、きっかけをくださったり、応援してくださった皆様、本当にありがとうございます。私の人生は波乱万丈という言葉がぴったりで、アップダウンの激しい人生です。もう人と会うことや話すことも嫌だという時期が何回もありました。ただ人生は一度きりと思い、さまざまなことを断捨離しながら、あきらめずに、ただ生きてきました。

これからも働き方で悩んでいる人に、私の経験をもとにアドバイスしていきたいと思います。

私は、お金持ちでもなく、天才でも秀才でもなく普通の凡人です。最初に起業したときは、素晴らしく3拍子そろって、学歴・人脈・お金はありませんでした。

さらに事業の失敗や大病により、人生で何度も本当の無一文も経験しました。しかしそんな凡人の私でも、いまこのような執筆も含め、さまざまなビジネス活動ができ、自分でも楽しく幸せを感じられる人生を歩んでいます。

それは単純に、人に何を言われようが、ただ人生をあきらめなかったからです。

私は人生の大半を「起業という働き方」を選択し、つねに起業を繰り返して生きてきました。

今後も、既存の事業や起業大学などを通じて、起業支援のプロフェッショナル坂田敦宏として協力していきます。

そして、「起業という働き方」を知り、起業家マインドを持った人が1人でも増えることを願っています。

2021年3月

坂田　敦宏

「謝辞」私の人生に関わり、お世話になった皆様へ

父へ◆◆少年時代、あなたの気持ちが理解できず、反発してばかりで申し訳ございませんでした。当時のあなたの気持ちを理解しようとするたび、胸が痛くなります。本当に感謝しています。ありがとうございます。

母へ◆◆厳しい父と、わがままな息子の間で苦労されたことでしょう。ただいつも私の意見も尊重してくれたことはうれしかった。パートばかりで休み無しで共働きしてくれていたのに迷惑ばかりかけてすいません。今は感謝しかありません。

弟へ◆◆傲慢で自分勝手な兄で本当に大変だったと思います。色々トラウマを残してしまい申し訳ないです。なんだかんだ仕事も手伝ってくれたりと感謝しています。ありがとう。

おばあちゃんへ◆◆夜、寝るときに話してくれた戦時中の話などは今でも鮮明に覚えています。苦労ばかりの人生でしたね。面倒ばかりかけていつも味方でいてくれたのに、なにも恩返しできずすいませんでした。これからも一生懸命生きます。ありがとうございました。

工藤靖明さん……株式会社　ジャパンライフエイト　代表取締役◆◆10代後半、あなたと過ごした時間がとても良い思い出です。お互い夢を見て、道に迷って、もがいて、苦しみました。あの頃一緒に過ごせたこと、あなたと出会えたことで、今の私がいます。ありがとうございました。

菅原恭一さん……有限会社　協同　代表取締役・東村山ＪＣ　30代　理事長◆◆起業してがむしゃらに働いていた時、あなたとの出会いが経済界への扉が開きました。共に熱くＪＣ活動もさせていただきました。ありがとうございました。

胡桃晶さん……株式会社　日本葉緑素　代表取締役・東村山ＪＣ　24代　理事長◆◆ＪＣのスポンサーとして、常にいろいろなことを教わりました。またどんなことがあっても変わらず、冷静にいつも相談にのっていただきありがとうございました。

笹雄一郎さん……東村山ＪＣ　23代　理事長◆◆地域で活躍するということを背中でリーダー像を見せていただきました。すべての活動に全力投球する姿に刺激を受けました。ありがとうございました。

中條基成さん……株式会社　東京交通　代表取締役・東村山ＪＣ　34代　理事長◆◆ＪＣ活動の同期として、常に一緒に活動していただきました。また、タクシーのアルバイトも本当に感謝しております。ありがとうございました。

清水哲生さん……有限会社　セイエイ建設　代表取締役◆◆ＪＣ活動を通じて仲良くさせていただき、わたしがどんな状況だろうと変わらず笑顔で接してくれて本当にありがとうございました。

甲斐隆宏さん……有限会社　マルジン建装　代表取締役◆◆お互い起業して若い頃から、一緒に現場で働きまくりましたね。変わらず都内でも再会でき、また仕事もご一緒していただき、ありがとうございます。

牛窪克美さん……税理士法人　代表税理士◆◆私の波乱万丈な会社経営をもう２５年も携わり、迷惑ばかりかけてるのに、ずっと応援していただき、ありがとうございます。

山本秀美さん……株式会社　秀美　代表取締役◆◆右も左もわからなかった若者を懲りずに育てていただき、ありがとうございました。山本社長に出会えたおかげでハウスクリーニングでスタートできました。

ハウスクリーニング創業時の仲間◆◆故・本田さん、土本さん、三上さん、奥本さん、山本部長、創業時は大変な毎日でしたが、笑いながら仕事できたのは皆さんのおかげです。ありがとうございました。

麻生正紀さん……株式会社　シルバーライフ　代表取締役◆◆初めて組織で会社経営するということを見せていただき、出会ってからファンになり、ずっと追いかけさせていただいてます。ご迷惑もかけてますが、いつも気にしていただき感謝しております。ありがとうございます。

チャームグループの仲間たち◆◆松本忍さん、鈴木隼義さん、完田勝美さん、熊坂方克さんをはじめ皆様には、本当にご迷惑をお掛けしました。皆さんと過ごせたことを感謝しております。

村瀬孝司さん……株式会社　ユニティー　創業者◆◆同い年で、人材ビジネス業界に誘ってくれ、出会ってから刺激をいただきました。経営者として数字への厳しさも勉強になりました。ありがとうございました。

さがね正裕さん……お笑い芸人　X－GUN◆◆都内に拠点を移した頃に出会い、年も近いことから仲良くさせていただきました。ビジネスに疲れていたころでもあり、一緒にいることで気持ちが救われました。感謝です。

小原正子さん……クワバタオハラ◆◆あなたの女前っぷりは最高でした。そして私の人生に大きく関わる出会いをたくさんいただきました。ありがとうございました。

宮良忍さん……元DAPUMP　沖縄・小浜島　民宿宮良オーナー◆◆小浜島の存在を教えてくれました。民宿を再開してから何度も小浜島へ訪れ、素敵な時間をいただき、いつもリフレッシュさせてくれます。ありがとうございます。

沖縄の癒しメンバー（玉城幸也さん、比嘉清智さん、その他の皆様）◆◆大好きな沖縄。私の癒しの空間であり、素敵な友人たちです。多くの沖縄人との出会いが私の元気の源です。ありがとうございます。

加藤慎一郎さん……株式会社　ディー＆グロスキャピタル株式会社　代表取締役◆◆いつも親身になって考えてくれ、公私共々仲良くさせていただき感謝です。仕事も遊びも全開で走り抜けましょう。ありがとうございます。

愉快な仲間たち◆◆小幡嘉信さん、阿部晃さん、橋爪昭さん、柳川和範さん、関根一隆さん、影山大介さんその他の皆様。波乱万丈な私の人生に、仕事も遊びも共有していただき、いつも感謝です。ありがとうございます。

済生会中央病院の皆様◆◆柴田光乃NS、木村麻美NS、黒木順子NS、小松崎千恵PT、國分ゆかりOT、佐藤亜沙美STをはじめ当時のスタッフの皆様。入院時にはとてもお世話になりました。当時の皆さんのおかげで社会復帰できました。本当にありがとうございました。

田中克成さん……作家◆◆一万円を握りしめ、今日は僕にお祝いさせてください。西新宿の焼き鳥屋さんで退院祝いをしてくれた時、目頭が熱くなりました。多くの出会いをありがとうございました。

リカバリーの創業を共にした皆様◆◆大河原峻さん、柴山宜也さん、岡田典子さん、角田美佐子さん、市澤啓太さん、黒木一也さん、三浦里佳さん。皆さんと出会い、在宅医療業界に新しい風をと熱く語り合い、初めての経験を共に挑戦できたことに感謝です。ありがとうございます。今後とも皆様それぞれのご活躍を祈念しております。

鳥谷将由さん……ライフケアコンシェルジュ株式会社　取締役理学療法士◆◆リカバリー創業時の出会いが、私をリハビリの仕事ができるきっかけでした。そして共に、LCC訪問看護ステーションも立ち上げられ、感謝しています。

高取宗茂さん……株式会社　和僑ホールディングス　会長兼ファウンダー◆◆食の世界への扉をいただき、本当に感謝です。あなたの想いに久しぶりに心を揺さぶられ、夢を持つことの大切さを再確認できました。今後ともお互いに切磋琢磨して、共に歩んでいきましょう。ありがとうございます。

市瀬優子さん……美和商事株式会社　代表取締役◆◆私たちの母親のような存在として、いつも厳しくしていただき感謝しています。わたしたちの人生に大きく影響を与えてくれています。ありがとうございます。

藤原耕一郎さん……株式会社　帝国フードクリエイト　代表取締役◆◆飲食素人の私に、ひとつひとつ教えていただき感謝です。新潟で初めて新潟ラーメンなおじについて語ってくれたおかげで今の展開があります。ありがとうございます。

高橋平吉さん……株式会社ＨＩＳＴＯＲＩＡ　代表取締役◆◆あなたと出会い、若い頃の自分を思い出しました。もっと起業支援をしようと感じさせてくれました。共に起業家育成を熱くやりましょう。ありがとうございます。

家族へ◆◆私の決めた道をいつも応援してくれてありがとうございます。迷惑ばかりかけてきました。心配ばかりかけてきました。心が乏しかった私に家族という存在を教えていただき、本当にありがとうございます。

著者プロフィール

坂田敦宏（さかた・あつひろ）

1968年東京都東村山市生まれ。連続起業家/エンジェル投資家/スタートアップ伴走者。国内外30店舗に展開する飲食グループ㈱和僑ホールディングス代表取締役を務める。1990年22歳の時に起業。36歳の時、不慮の事故によりビジネス失速。事業家として歯車が狂い始め、経済界から姿を消さざるを得なくなる。40歳の時に倒産・自己破産。43歳の時、脳幹出血で倒れ半身不随になる。2年間のリハビリ生活後、社会復帰。病気の経験をもとに在宅医療業界に貢献する訪問看護事業へ参入後、エンジェル投資家として様々な業種15社以上のベンチャー企業へ投資しスタートアップの伴走者として活躍。投資実績が評価されディーアンドグロスキャピタル（VC）株式会社の執行役員も務める。2021年、起業という働き方をテーマにオンラインサロン「起業大学」を立ち上げ、起業支援活動など幅広く展開している。

人生、楽しみたい人は、起業しなさい！

２０２１年4月２３日　初版第１刷発行

著者　坂田敦宏

編集兼発行人　渡部 周

発行所　株式会社 観世音

〒145-0065
東京都大田区東雪谷3-2-2-1F
TEL/FAX　03-6421-9010

印刷・製本　株式会社 光邦

乱丁・落丁本は、小社へ直接お送りください。
郵送料小社負担にてお取り替えいたします。

定価はカバーに表示してあります。

ISBN978-4-910475-02-8